TABLES COMPARATIVES

DES

PRINCIPALES DIMENSIONS

DES BATIMENS DE GUERRE FRANÇAIS ET ANGLAIS DE TOUS RANGS.

Cet ouvrage se vend aussi :

A BREST. . . . . Chez Lefournier.
A CHERBOURG. . . . . Boullanger.
Au HAVRE. . . . . Delhaye-Lonquety.
A L'ORIENT. . . . . Le Coat Saint-Haouen.
A ROCHEFORT. . . . . { Faye.
{ veuve Wincopp.
A SAINT-MALO. . . . . { Rottier.
{ Hovius.
A TOULON. . . . . { Aurel.
{ Baraillier.
{ Curet.
{ Magdelain. .

IMPRIMERIE DE FAIN , PLACE DE L'ODÉON.

TABLES COMPARATIVES

DES

PRINCIPALES DIMENSIONS

DES BATIMENS DE GUERRE FRANÇAIS ET ANGLAIS DE TOUS RANGS,
DE LEUR MATURE, GRÉEMENT, ARTILLERIE, ETC. ;

D'après les derniers réglemens ; avec plusieurs autres Tables relatives à un système de
mâture proposé, comme plus convenable que celui actuel, pour les bâtimens de guerre
français, précédées d'un Texte explicatif et d'Observations préliminaires ;

DÉDIÉES A S. A. R. MONSEIGNEUR LE DUC D'ANGOULÊME,

AMIRAL DE FRANCE ;

PAR P.-G. GICQUEL-DES-TOUCHES,

CAPITAINE DE VAISSEAU, MEMBRE DE LA SOCIÉTÉ DE LITTÉRATURE, SCIENCES ET ARTS
DE ROCHEFORT.

L'expérience est la maîtresse des arts.

PARIS,

BACHELIER, LIBRAIRE POUR LA MARINE, QUAI DES AUGUSTINS.
1817.

9638

À son Altesse Royale,

Monseigneur le Duc D'ANGOULÊME,

Amiral de France.

Monseigneur,

En daignant me permettre de faire paraître cet ouvrage, sous les auspices de Votre Altesse Royale, c'est donner une nouvelle preuve de la bienveillance particulière dont elle m'honore, et de la protection générale qu'elle accorde à tout officier, dont les recherches tendent au perfectionnement de la marine.

C'est pour accélérer, autant qu'il est en moi, les améliorations dont elle me paraît susceptible, et pour contribuer au bien du service du Roi, que j'ai composé l'ouvrage dont Votre Altesse Royale a bien voulu recevoir l'hommage.

Daignez, Monseigneur, agréer avec votre bonté ordinaire toute la gratitude que m'inspire une faveur aussi distinguée et l'assurance de mon entier dévouement.

Je suis avec le respect le plus profond,

Monseigneur,

De Votre Altesse Royale,

Le très-humble et très-soumis serviteur,

P. GICQUEL DES-TOUCHES.

AVERTISSEMENT.

J'AI pensé que la comparaison des principales dimensions des bâtimens de guerre anglais, de leur mâture, de leur gréement, etc., avec celles qui sont suivies pour les bâtimens français, serait un ouvrage d'une utilité assez importante : c'est ce qui m'a engagé à transformer en mesures françaises les tables publiées en Angleterre par P. Steel et par divers autres auteurs, pour les comparer aux tables que j'ai extraites des meilleurs ouvrages français, et principalement de la dernière édition du *Traité de la mâture*, de Forfait. J'ai joint à ces tables les dimensions et les renseignemens que j'ai puisés à la direction du génie et dans les ateliers du port de Rochefort, lorsque j'y étais en activité en 1816. Toutes ces tables sont disposées de manière que les comparaisons entre toutes les parties de l'équipement des bâtimens français et anglais sont faciles.

Après avoir fait connaître les rapports entre les systèmes adoptés en France et en Angleterre pour la mâture des bâtimens de guerre, j'en propose un, sur lequel j'ai déjà fait un assez grand nombre d'expériences, pour acquérir la conviction que, s'il était suivi, il en résulterait un avantage assez considérable pour l'économie, et que les bâtimens mâtés d'après ce nouveau système se comporteraient beaucoup mieux à la mer et auraient une marche beaucoup plus avantageuse qu'étant mâtés suivant le système actuellement en usage en France. Il faut vaincre de grands obstacles pour faire adopter de nouveaux plans, parce qu'on est prévenu défavorablement contre toute espèce d'innovation ; cependant c'est le seul moyen de perfectionner les arts, et j'espère que les officiers de la marine royale qui ont acquis, par l'étude et par l'expérience, une connaissance exacte de leur métier, examineront avec impartialité le système que je propose, et qu'après avoir reconnu les avantages qu'il présente, ils n'hésiteront pas à l'approuver.

L'armement des bâtimens de tous rangs est un objet que j'ai examiné avec une attention particulière ; en comparant notre artillerie avec celle des Anglais, j'indique les changemens qui me paraissent nécessaires pour la perfectionner.

Les tables que je publie ont exigé beaucoup de recherches et un travail assez pénible, je n'ai rien négligé pour les rendre exactes et aussi complètes qu'il m'a été possible de le faire. L'explication détaillée qui précède ces tables et qui en forme l'introduction, renferme toutes les observations que j'ai cru pouvoir y insérer; j'ai consulté les principaux ouvrages sur la marine : plusieurs renseignemens m'ont été communiqués par des officiers et des ingénieurs distingués, les autres sont le résultat des observations que j'ai eu l'occasion de faire pendant trente-deux ans d'activité, soit à la mer, soit dans les ports et les chantiers de construction. J'ai donné pour chaque table tous les résultats de calculs que j'ai été dans la nécessité de faire; en un mot, j'ai fait tous mes efforts pour rendre cette introduction claire et exacte.

Pour la réduction des Tables anglaises de P. Steel et autres en mesures françaises, j'ai employé les rapports suivans :

1440 pieds anglais. . . . . = 1351,200 pieds français de roi.
6 dito = une brasse anglaise. . . . . = 5,630 dito.
3 dito = un yard. . . . . = 2,815 dito.
101 brasses anglais. = une longueur de câble anglais. . . . = 113,700 brasses françaises.
120 dito = la longueur d'une pièce de cordage anglais. = 135,100 dito.
100 livres avoir du poids. . . . . = 92,653 poids de marc français.
112 dito = un quintal de charge. . . . . . . = 103,771 dito.
2240 dito = 20 quintaux = un tonneau de charge. . = 2075,427 dito.

Après avoir terminé la traduction desdites Tables, nous avons vu, dans un ouvrage de M. Delambre, que la commission des poids et mesures avait fixé la longueur du mètre et donné le rapport au pied anglais comme suit :

Le mètre = 443,295936 lignes du pied de roi = 36,941328 pouces du même pied = 39,382700 pouces anglais.

v

Le rapport exact est :

1440 pieds anglais.	=	1350,7329696 pieds français.	. =	438,7713390 mètres.
1000 dito.	=	938,0090243 dito. . . .	=	304,7023166 dito.
6 dito = une brasse.	=	5,6280541 dito. . . .	=	1,8282139 dito.
3 dito = un yard.	=	2,8140271 dito. . . .	=	0,9141070 dito.
101 brasses = la longueur d'un câble anglais.	=	113,6866937 brasses françaises.	=	184,6496039 dito.
120 dito = la long⁏. d'une pièce de cordage.	=	135,0732994 dito.	=	219,3856680 dito.

Suivant M. Lacroix , la livre avoir du poids

= 453,1 grammes = 8530,683 grains du poids de marc , et donne le rapport

100 livres avoir du poids.	=	92,583861 livres poids de marc =	45,310000 kilog.
112 dito = le quintal de charge. . . =	103,693923 dito. . . . . =	50,747200 dito.
2240 dito = le tonneau de charge.. . =	2073,878460 dito. . . . . =	1014,944000 dito.

Les Tables 29 et 30 donnent la correction qu'il faut faire aux autres Tables pour obtenir une scrupuleuse exactitude.

Un appendice termine les renseignemens que je donne dans ce travail; il est extrait du nouveau Traité de l'art de faire les mâts des bâtimens de guerre anglais, publié à Londres , dans le courant de 1816, par MM. Steel et Goddard.

ERRATA DU TEXTE.

Page.	Ligne.	Au lieu de :	lisez :
1	5	cette table contient, etc.	cette table contient, dans l'édition anglaise, etc.
5	1	leurs.	leur.
9	27	sa carlingue.	son emplanture.
11	10	contre-civadière.	civadière.
12	29	cinquante-huit pieds.	cinquante-un pieds.
14	8	2702407,87.	2707598,70.
14	12	28,02.	28,05.
14	27	0,49.	0,52.
15	4	0,0548 = 10,78.	0,0487 = 9,56.
18	2	19,69.	19,28.
18	9	1,22.	1,63.
18	30	0,0350=5,49.	0,0348=5,88.
18	34 et 35	0,0097 1,09.	0,0100 1,69.
20	10	58,65.	58,51.
21	25	2,02.	2,15.
24	1	0,0056.	0,0066.
25	25	la svoilarrerait.	la voilure serait.
25	32	la Méthyste.	l'Améthyste.
41	12	seraient embarqués sur ces corvettes qui feraient.	qui seraient embarqués sur ces corvettes feraient, etc.
53	dernière	qui n'ait 50 pièces en batterie.	qui ne monte 50 pièces d'artillerie.
61	29	2 canons de 36.	2 caronades de 36.
64	3	naviguent.	naviguaient.
71	10	cottis.	coltis.
72	6	id.	id.
73	20	empâter.	empatter.
74	20	naviguaient.	naviguent.
76	dernière	se bunes sont fabriquées.	ses hunes sont construites.
77	9	sôle.	sole.
81	30	de Roi.	du Roi.
84	29	demisaine sèche.	de misaine, sèche.
85	3	et partant.	donc.
85	25	diff. +1, 11 p.	diff. +1,18 p.
86	34	$= \frac{1}{8}$ de l'épaisseur.	$= \frac{1}{8}$ de la largeur.

ERRATA DES TABLES.

Table.	Colonne.	Ligne.	Au lieu de :	lisez :
5e.	4e.	14	0,0157.	0,0147
7 et 8e.	titres.	1	comparaisons, etc. à des bâtimens, etc.	comparaisons, etc. appliqués à des bâtimens, etc.
8e.	dernière.	2	+3,63.	+2,63.
10.	des noms.	28	2702407,87.	2707598,70
id.		30	28,02. Diff. +0,49.	28,05. Diff. +0,52.
id.	29e.	8	13391,3.	17391,3
id.	33.	8	2314,7.	2324,7
id.	des noms.	25	baume ou gui.	ajoutez (* Surface des trois focs).
id.	id.	id.	1689,83.	* 1689,83
11	4.	6	21,26.	11,26
Suite 11.	des noms.	3	fausses.	doubles.
id.	9	13	2,32.	2,82
12	des noms.	26	diam. des poul. et de leurs palans.	diamètre des poulies de leurs palans.
14	4	15	304	404
id.	7	17	3,25.	3,75
20	rangs, etc.	pénultième.	150,53 p.	150,13 p.

EXPLICATIONS

ET OBSERVATIONS

SUR LES TABLES COMPARATIVES DES PRINCIPALES DIMENSIONS DES
BATIMENS DE GUERRE FRANÇAIS ET ANGLAIS DE TOUS RANGS.

TABLE PREMIÈRE — CETTE table contient la longueur des bâtimens de guerre anglais de tous rangs, prise sur le pont, depuis la ligne arrière de la râblure d'étrave à la ligne avant de la râblure d'étambot, la longueur de la quille, la largeur en dehors des bordages, le creux dans la calle compté depuis la ligne droite des extrémités supérieures du maître bau, à la partie supérieure de la parclose, la hauteur du vibord, celle entre les ponts, et le port en tonneaux.

Dans la traduction, nous supprimons la longueur de la quille, la hauteur du vibord, et le port en tonneaux, qui ne servent pas dans la désignation des bâtimens de guerre.

Pour faciliter les comparaisons, nous avons ajouté à cette table la largeur des bâtimens en dehors des membres et le creux, à la ligne supérieure de la râblure de la quille, en nous servant des tables françaises pour les dimensions des pièces de construction, ce qui ne peut différer beaucoup de celles adoptées par les Anglais. Nous donnons le rapport de la longueur, comparée à la largeur, en dehors des membres, *et vice versâ*, leur tirant d'eau moyen au milieu, à peu près; et, pour faciliter les citations, nous leur avons donné un numéro.

1

TABLE II. — Elle contient les principales dimensions des bâtimens de guerre français, dans les limites qui sont assignées à leur rang par les règlemens , suivant notre méthode de les mesurer; mais, quoique leur longueur soit ordinairement comptée de râblure en râblure à la flottaison, surtout pour les calculs du déplacement, nous la considérons la même à la ligne du fort, puisque ces points sont, à très-peu de chose près , sur les perpendiculaires de l'étrave et de l'étambot, et que d'ailleurs les différences qui peuvent en résulter sont trop peu sensibles , pour faire commettre quelques erreurs notables dans les comparaisons que nous avons à établir. Nous donnons, comme à la table première, la largeur en dehors des bordages, le creux dans la calle, le rapport de la longueur à la largeur en dehors des membres, *et vice versâ*, avec le tirant d'eau moyen au milieu; nous leur donnons aussi des numéros.

En comparant ces deux tables , on remarquera généralement que les bâtimens français sont plus longs et plus larges que les bâtimens anglais du rang qui leur correspond; que les plus grands vaisseaux anglais n'ont que 178,28 pieds de longueur sur 48,40 de largeur en dehors des membres, tandis que les nôtres ont 196,50 pieds de longueur, sur 50,50 de largeur, et qu'ils ont des trois ponts de 166,54 pieds seulement, portant 106 bouches à feu; mais on observera que tous leurs bâtimens sont plus larges que les nôtres de même rang, proportions gardées entre eux ; cela est tel , que si le vaisseau français n°. 1 , de 196,50 pieds, avait une largeur proportionnée à celle du vaisseau anglais n°. 1 , il aurait 53,33 pieds de bau , au lieu de 50,50 , et que si ce vaisseau anglais de 178,28 pieds avait une largeur proportionnée à celle du vaisseau français n°. 1 , il n'aurait que 46,12 pieds de bau au lieu de 48,40. Il en est de même de la frégate française n°. 9, de 146 pieds de longueur sur 36,50 de largeur, et de la frégate anglaise n°. 11, de 135,12 pieds sur 35,67. La première aurait, en suivant le rapport de la deuxième, 38,53 pieds de largeur, au lieu de 36,50, et la deuxième n'aurait, en suivant le rapport de la première, que 34,21 pieds, au lieu de 35,67 ; il en est de même pour tous les autres bâtimens.

Les vaisseaux à trois ponts français sont un peu plus creux que ceux anglais, par rapport à leur largeur; mais les vaisseaux à deux batteries, les frégates et les corvettes françaises, ont moins de creux que les bâtimens anglais de même rang, proportions gardées entre eux.

TABLE III. — Elle contient les proportions de la principale mâture des bâtimens de guerre anglais de tous rangs ; nous n'y avons fait aucun changement; mais nous y avons répété les principales dimensions des navires, afin qu'on puisse mieux juger des rapports; on y remarquera une exacte harmonie dans les proportions des mâts et des vergues de chaque bâtiment. On y verra que leurs petites frégates, n°. 14, sont leur espèce de bâtimens le plus haut mâtés, que leurs plus grandes le sont moins ; leurs 74 et 80, les corvettes ensuite, et enfin leurs vaisseaux à trois ponts, moins mâtés que tous les autres.

TABLE IV. — Elle contient les mêmes articles pour les bâtimens de guerre français dont on fait usage actuellement; nous l'avons extraite du *Traité de Mâture* de Forfait, édition de 1815, pages 320 et 321, pour les vaisseaux et frégates n°s. 1, 4, 5, 9 et 10, et d'après des renseignemens pris à la direction du génie de Rochefort, pour les corvettes n°s. 13 et 14. On verra qu'il n'y a pas le même accord entre les mâts et vergues de chaque bâtiment français que dans les bâtimens anglais, ce qui prouverait que nous ne sommes pas fixés comme eux dans notre système de mâture. On remarquera surtout que tous nos mâts et vergues sont plus longs que les leurs, et plus particulièrement les mâts de misaine et de hunes.

Table V. — Pour pouvoir connaître les vraies différences qui existent dans la mâture des bâtimens des deux nations, par des comparaisons exactes, nous avons composé les tables cinquième et sixième. Nous donnons dans la cinquième les rapports de la longueur des mâts et vergues, à la largeur en dehors des bordages des bâtimens anglais de la table troisième, et nous en avons pris la moyenne pour chaque classe, ayant seulement excepté les nᵒˢ. 9 et 10, dont on ne fait plus usage. Nous avons ajouté à cette table le rapport de la longueur des mâts et vergues, à celle du ton et des taquets d'un bout, d'après des renseignemens particuliers, M. Steel ne les donnant pas.

Table VI. — Nous donnons les rapports de la mâture des vaisseaux à trois ponts français, d'après les dimensions données dans le *Traité de la Mâture*, pag. 320; le rapport moyen entre les vaisseaux de 80 et 74, et ceux pour la frégate nᵒ. 9, d'après les dimensions données page 321 du même traité, parce que nous n'admettons point l'égalité des mâts et des vergues des deux mâts de la frégate nᵒ. 10, quoiqu'autrefois nous en ayons été partisans; mais notre propre expérience, confirmée par celle de plusieurs marins distingués, nous l'a fait rejeter par plusieurs motifs. Les rapports de la mâture des corvettes nᵒˢ. 13 et 14, sont d'après leur système particulier.

Suivant le système français, la longueur des mâts est en rapport avec la largeur en dehors des membres, et les vergues avec la longueur des bâtimens. Comme dans la précédente table, le diamètre, la longueur du ton et celle des taquets sont en rapport avec la longueur de leurs mât et vergue.

TABLE VII. — Nous faisons l'application de la table 6e. aux bâtimens anglais, nᵒˢ. 1, 7, 11 et 15, en suivant les rapports qui conviennent à leur rang, les calculant sur la largeur en dehors des membres, et comparant cette mâture à celle qui leur est donnée dans la table troisième, d'après le système anglais. Ce qui nous a fait connaître que le système français diffère du système anglais.

Pour le vaisseau anglais nᵒ. 1.

Sur la totalité de la mâture. . . . . + 30,74 pieds.
Sur la totalité de l'envergure. . . . . + 44,31 id.

Pour le vaisseau nᵒ. 7.

Sur la totalité de la mâture. . . . . + 13,56 pieds.
Sur la totalité de l'envergure. . . . . — 5,79 id.

Pour la frégate nᵒ. 11.

Sur la totalité de la mâture. . . . . + 35,38 pieds.
Sur la totalité de l'envergure. . . . . + 20,90 id.

Pour la corvette nᵒ. 15.

Sur la totalité de la mâture. . . . . + 33,68 pieds.
Sur la totalité de l'envergure. . . . . + 21,58 id.

TABLE VIII. — Nous avons fait l'application du système de mâture anglais de la table 5e. aux bâtimens français, nᵒˢ. 1, 5, 9 et 13, calculant cette mâture sur la largeur en dehors des bordages, et la comparant à celle qui leur est donnée dans la table 4e. Ce qui nous fait également connaître la différence qui existe entre le système français et le système anglais.

Pour le vaisseau français n°. 1.

Sur la totalité de la mâture.	+ 29,39 pieds.
Sur la totalité de l'envergure..	+ 83,72 id.

Pour le vaisseau n°. 5.

Sur la totalité de la mâture.	+ 12,35 pieds.
Sur la totalité de l'envergure..	+ 11,64 id.

Pour la frégate n₀. 9.

Sur la totalité de la mâture.	+ 17,20 pieds.
Sur la totalité de l'envergure..	+ 35,98 id.

Pour la corvette n₀. 13.

Sur la totalité de la mâture.	+ 37,52 pieds.
Sur la totalité de l'envergure..	+ 70,33 id.

D'après ces deux dernières tables, on peut voir la différence qui existe entre chaque mât et vergue, d'après les deux systèmes.

On remarquera que les plus grandes différences ont lieu pour tous les bâtimens, dans le mât de misaine et les mâts de hunes, et que ce sont les deux vaisseaux de 74 n°. 5 français, et n°. 7 anglais, qui se rapprochent le plus dans la totalité de la mâture.

Tous nos marins praticiens ont reconnu depuis long-temps que nos bâtimens sont trop mâtés, et ont senti la nécessité de changer notre système de mâture, pour nous rapprocher davantage de la saine théorie, ainsi que les Anglais l'ont fait.

Mais ils proportionnent la longueur de leurs vergues à la largeur de leurs bâtimens, ce qui ne pourrait convenir aux nôtres qui sont plus étroits, proportions gardées entre eux, et il convient, comme nous le faisons depuis long-temps, de proportionner l'envergure à la longueur de chaque navire, afin de leur conserver une surface de voilure convenable à leur capacité; mais il est nécessaire d'en faire baisser le centre d'effort, et par conséquent la mâture: c'est ce qui nous a porté à proposer un système fondé sur l'expérience, et avec lequel nos bâtimens puissent acquérir à la mer toutes les bonnes qualités dont leur superbe carène les rend susceptibles. Le gouvernement y trouvera de l'économie, et la navigation des avantages.

TABLE IX. — Nous donnons dans cette table les rapports des dimensions de la mâture, suivant le système que nous proposons comme plus convenable que celui actuel aux bâtimens de guerre français. Nous y suivons à peu de choses près la manière de mâter des Anglais et celle des Français, pour l'envergure: il en résulte non-seulement que les mâts ont un rapport avec la largeur des bâtimens, mais qu'ils en ont un constant entre eux; et que les vergues proportionnées à la longueur sont aussi en rapport avec leur mât respectif. C'est ainsi que tous les mâts étant calculés sur la largeur des bâtimens, sont en rapports comme suit,

La longueur du grand mât étant. . = à 100,00 pieds.
Le mât de misaine. . . . . = 0,90 du grand mât.
Le mât d'artimon pour les vaisseaux. = 0,70 de id. le pd. reposant dans l'entrepont.
Dto. dto. pour les frégates et corvettes. = 0,85 de id. le pied reposant dans la calle.
Le mât de beaupré. . . . . = 0,60 de id.
Le mât du grand hunier.. . . . = 0,60 de id.
Le mât du petit hunier. . . . . = 0,60 du mât de misaine.
Dto. du perroquet de fougue pour les vaisseaux. . . . . . = 0,75 du petit mât de hune.
Dto. dto. pour les frégates et corvettes. = 0,75 du grand mât de hune.
Les trois mâts de perroquets, jusqu'au capelage.. . . . . = 0,50 de leur mât de hune respectif.

Les menus mâts, quoique considérés comme accessoires, ont aussi des rapports suivis, ainsi qu'on peut le vérifier.

Les vergues sont en rapport avec les mâts.

Pour les vaisseaux à trois ponts.

La grande vergue. . . . . = 0,95 du grand mât.
La vergue de misaine. . . . . . . = 0,95 du mât de misaine.
D^{to}. des grand et petit huniers. . . . . = 0,70 de leur bas mât.
D^{to}. des trois perroquets. . . . . . = 0,75 de leur mât de hune.
D^{to}. du perroquet de fougue. . . . . = l'envergur. de celle du petit perroquet, plus la longueur des taquets qui lui correspondent.

Pour les vaisseaux à deux batteries.

La grande vergue et celle de misaine. . . = 0,90 de leur bas mât.
Les vergues du grand et du petit huniers. . = 0,65 de id.
D^{to}. des trois mâts de perroquets. . . . = 0,70 de leur mât de hune.
La vergue du perroquet de fougue. . . . = à l'envergure de celle du petit perroquet, plus la longueur des taquets qui lui correspondent.

Pour les frégates et grandes corvettes à gaillards.

La grande vergue. . . . . . . = 0,95 du grand mât.
La vergue de misaine. . . . . . = 0,90 du mât de misaine.
D^{to}. du grand hunier. . . . . . = 0,70 du grand mât.
D^{to}. du petit hunier. . . . . . . = 0,675 du mât de misaine.
D^{to}. des trois perroquets. . . . . . = 0,75 de leur mât de hune.
D^{to}. du perroquet de fougue. . . . . = à l'envergure de celle du grand perroquet, plus la longueur des taquets qui lui correspondent.

Pour les corvettes au-dessous de 115 pieds.

La grande vergue et la vergue de misaine. = 0,90 de leur bas mât.
Les vergues du grand et du petit huniers. . = 0,675 de id.
D^{to}. des trois perroquets. . . . . = 0,75 de leur mât de hune.
La vergue du perroquet de fougue. . . = à l'envergure de celle du grand perroquet, plus la longueur des taquets qui lui correspondent.

Les petites vergues accessoires sont aussi en rapport avec leur mât.

Dans tous les bâtimens, les vergues du petit hunier, de

civadière et sèche sont égales en longueur; mais cette dernière a son diamètre dans le même rapport que les autres basses vergues.

Les raisons pour lesquelles nous donnons peu de voilure au mât d'artimon des vaisseaux, et que nous la mettons en rapport à celle du mât de misaine, c'est que nous avons considéré que les œuvres mortes de ces espèces de bâtimens et surtout l'effet de leur dunette les rend trop ardens, et les empêchent d'arriver promptement dans un besoin pressant. Combien de naufrages et surtout d'abordages ont eu lieu parmi les vaisseaux, faute de ne pas pouvoir arriver assez vivement; les exemples sont fréquens, et nous nous dispenserons de les citer; notre but a été d'y obvier, en portant le plus possible le point vélique en avant du milieu; et cependant il se trouve encore trop de l'arrière lorsqu'étant sous toutes voiles, tous les focs ne sont pas dehors.

Les frégates et les corvettes n'étant point surchargées d'œuvres mortes, ni surtout de dunette, sont un peu plus voilées de l'arrière et un peu moins de l'avant, afin que, n'étant point forcées dans cette dernière partie, elles ne puissent ressentir d'aussi forts tangages, toujours très-préjudiciables à leur marche et à leur mâture.

Nous faisons descendre le pied du mât d'artimon des frégates et des corvettes dans la calle, et reposer sur la carlingue, comme on le faisait anciennement et comme le font encore les autres nations, parce qu'on a plusieurs exemples qu'en faisant reposer le pied dans l'entrepont, sa carlingue a été ébranlée; d'ailleurs cela fait tordre et fatiguer davantage la partie de l'arrière de ces bâtimens légers. Ces mâts d'artimon peuvent être ajustés par en bas.

Nous donnons moins de taquets aux vergues, et cependant les huniers prendront leur quatrième ris à 0,45 de leur chute, à partir de la têtière, et les trois perroquets en prendront un au tiers. Ces voiles sont des trapèzes réguliers comme les huniers, et sans échancrure.

Nous avons proportionné le diamètre de la vergue sèche dans le même rapport que celui des basses vergues, parce qu'on y met souvent un palan de bout-de-vergue, pour hisser les embarcations, que l'on porte depuis quelque temps dans les porte-haubans d'artimon, et que nous désirons y enverguer une voile de fortune, beaucoup plus avantageuse d'un bon frais que le foc d'artimon, et préférable à la brigantine, qu'il est alors difficile, ou même impossible, de tenir dehors; c'est surtout pour les frégates et corvettes une voile extrêmement utile.

Nous établissons des mâts de cacatois soit à clef, soit à flèche-en-l'air, qui sont aussi en rapports avec leur mât de hune respectif; cette espèce de mâture, facile à mettre à bas aux apparences de mauvais temps, ne peut être dispendieuse au gouvernement, parce que pour l'établir il faut des madriers plus courts que pour faire les mâts de perroquets, et que ceux de cacatois à clef ne se font qu'avec de très-petits esparts. Les mâts à flèche-en-l'air peuvent même dans le besoin être composés de deux morceaux joints et cerclés ensemble, en tel endroit que ce soit au-dessous du chouquet, dans lequel se trouve le grand diamètre. Le pied qui repose sur le chouquet du mât de hune, ne doit pas être plus gros que le bout de la flèche. Pour l'une et l'autre espèce de ces mâts, il convient d'avoir de petites barres de cacatois, et de donner aux traversins de celles de perroquets les 0,60 de ceux des bas mâts, au lieu des 0,50 qu'ils ont actuellement.

Nous supprimons tous les bouts-dehors et toutes les bonnettes des vergues et des voiles du mât d'artimon, et celle de sous-gui, comme absolument inutiles pour la marche et incommodes à manœuvrer; celles de cacatois que nous leur substituons, s'amurant sur les vergues de bonnettes de perroquets, peuvent être, ainsi que les papillons, de quelque service pour les petites brises que l'on reçoit dans l'été en Europe, dans les colonies, et surtout dans les mers de l'Inde pendant les belles moussons.

Nous supprimons également l'usage de la contre-civadière, dont la vergue peut servir de rechange pour le petit perroquet, et celui de la voile de contre-civadière, qui n'est d'aucun service réel. Nous conservons les voiles d'étai du grand cacatois et du cacatois de perruche, pour complaire à ceux qui en sont partisans, car nous savons par expérience qu'elles n'orientent jamais bien au plus près, et font plutôt dériver qu'elles ne halent de l'avant. Nous conservons la bonnette de brigantine, qui sert d'un vent largue, et le flèche-en-cul qui fait un très-bon effet d'un petit tems. Notre voile d'étai de hune a pour les beaux tems une bonnette lacée dans le bas, de manière que son point d'écoute vient alors border à trois pieds au-dessus du bastingage près l'escalier. Et nous établissons une trinquette ou foc de tourmente (nommée aussi misaine à la grecque) enverguée sur l'étai ou faux étai de misaine, pour servir dans les mauvais tems et en cas de démâtage du petit mât de hune. Notre grande voile et la misaine ont une bande de ris. Nous avons vu plusieurs fois la nécessité de les prendre dans ces voiles, et les Anglais, comme les autres nations du Nord, les y prennent souvent. Ceux qui n'y en ont jamais pris, ne peuvent se faire d'idée combien cette diminution dans les basses voiles, soulage le bâtiment dans les gros tems.

Nous fixons la position des mâts d'après Chapman, Vial du Clairbois, Duhamel, Forfait, les Anglais et les autres puissances maritimes. A leur imitation, nous ne donnons que 25°. d'obliquité avec l'horizon au beaupré des vaisseaux, et 20°. pour celui des frégates et corvettes; cela permet de le tenir un peu plus court, et d'avoir des focs plus grands, ce qui facilitera les mouvemens d'arrivée en faisant passer le centre de voilure plus sur l'avant, et cette position du beaupré empêchera d'élever autant la guibre, et de lui donner autant de saillie qu'on le fait actuellement.

Ce système de mâture, fondé sur l'expérience, n'offre que des économies au gouvernement, des avantages et de la sûreté pour les bâtimens, pendant le cours de leur navigation. C'est en le suivant en partie que les Anglais ont pu se tenir sur nos côtes pendant vingt ans, dans les plus mauvaises saisons, et sans jamais faire d'avaries majeures; tandis que nous avons rarement eu une division qui n'en ait fait de considérables pendant quelques jours de croisière, et même dès sa sortie des ports.

TABLE X. — Nous faisons dans cette table l'application de notre système de mâture proposé aux cinq classes de bâtimens de guerre en usage en ce moment, et nous en faisons la comparaison avec le système actuel appliqué aux mêmes vaisseaux et frégates, pages 142 à 146 du *Traité de la mâture* déjà cité, et aux corvettes sur lesquelles nous avons eu des renseignemens à la direction du génie du port de Rochefort.

Nous ne comparons la longueur des mâts de perroquets que jusqu'au capelage seulement, vu que la longueur de leur flèche est arbitraire, et de telle manière que nous avons vu de nos frégates qui avaient leur grand mât de perroquet de cinquante-huit pieds.

On verra la différence de chaque mât et de chaque vergue, et la totalité de ces différences données par les deux systèmes, qui sont en faveur du système proposé.

Pour le vaisseau à trois ponts, n⁰. 1.

Sur la totalité de la mâture. . . . . — 29,87 pieds.
Sur la totalité de l'envergure. . . . . — 18,58 id.

Pour le vaisseau de 74, n₀. 5.

Sur la totalité de la mâture. . . . . — 12,51 pieds.
Sur la totalité de l'envergure. . . . . + 5,05 id.

Mais ce vaisseau est mâté sous de plus petits rapports que celui cité n°. 5, table quatrième, suivant le dernier règlement.

Pour la frégate n°. 9.

Sur la totalité de la mâture. . . . . — 20,51 pieds.
Sur la totalité de l'envergure. . . . . + 11,08 id.

Pour la corvette n°. 13, mâtée dans le même rapport que les frégates.

Sur la totalité de la mâture. . . . . — 16,68 pieds.
Sur la totalité de l'envergure. . . . . — 15,81 id.

Pour la corvette n°. 14.

Sur la totalité de la mâture. . . . . — 11,90 pieds.
Sur la totalité de l'envergure. . . . . + 17,38 id.

Nous avons un peu augmenté la longueur de quelques vergues des n₀ₛ. 5, 9 et 14, pour mettre plus d'harmonie dans leur rapport avec leur mât respectif.

On considérera que la mâture, suivant le système proposé, étant plus courte et moins grosse que celle selon le système actuel, doit être plus légère, et que le poids du gréement qui lui correspond est aussi moins lourd que celui de la mâture actuelle.

Dans cette table, nous avons aussi indiqué dans des colonnes les surfaces des principales voiles dans les deux systèmes, leur différence et la position du centre de gravité de chaque voile, par rapport à la flottaison. Nous avons, suivant le système proposé :

Pour le vaisseau français, à trois ponts, n°. 1.

Etant sous les cinq voiles majeures, les trois perroquets, les quatre focs et la brigantine, = 13 voiles.

Surface de voilure. . . . . =	32693,59 pieds carrés.
Moment par rapport à la flottaison. . . . . . . =	2702407,87
Id. par rapport à la perpendiculaire de l'étambot.. =	4129139,77
Position du centre de voilure au-dessus de la flottaison. . . . . =	82,82 pieds.
Id. en avant du milieu = 0,1426 de la longueur. =	28,02
Rapport de la surface de la voilure à celle du parallélogramme circonscrit au plan de flottaison. . =	3,294

Dans le *Traité de la Mâture*, page 142, ce vaisseau a sous les treize voiles citées,

Surface de voile. . . . . =	33705,00 pieds carrés.
Position du centre de voilure, par rapport à la flottaison. . . . . =	85,94 pieds.
Id. en avant du milieu = 0,1400 de la longueur. =	27,53
Rapport de la surface de voilure à celle du parallélogramme circonscrit au plan de flottaison. . =	3,396

Le système proposé donne de différences,

Surface de voilure. . . . . —	1111,41 pieds carrés.
Elévation du centre de voilure.. . . . . . . —	3,12 pieds.
Sa position plus en avant du milieu = 0,0026 de la longueur. . . . . =	0,49
Avec le rapport de la surface de voilure à celle du parallélogramme circonscrit au plan de flottaison. —	0,102

Ce même vaisseau sous les deux basses voiles, les trois huniers, la brigantine et le faux foc = sept voiles, suivant le système proposé,

Surface de voilure. . . . . =	23197,08 pieds carrés.
Moment par rapport à la flottaison. . . . . =	1710793,34

Id. par rapport à la perpendiculaire de l'étambot. = 2500877,93 pieds carrés.

Position du centre de voilure au-dessus de la flottaison. . . . . = 73,75 pieds.

Id. en avant du milieu = 0,0548 de la longueur. = 10,78

Mais il n'est guère praticable de n'avoir avec une grande brigantine et les autres voiles citées, qu'un faux foc qui se place ordinairement à moitié du bâton, cette voilure nécessite au moins le petit foc et le grand foc, un peu rentré si l'on veut, car il peut être porté tout-à-fait au bout de son bout-dehors, lorsqu'il n'y a pas de ris aux huniers; alors le centre d'effort de cette voilure serait

à 0,0594 de la longueur. . . . . . . = 11,67 pieds.

Et au-dessus de la flottaison. . . . . . . = 73,49

Ce bâtiment est porté dans le *Traité de la Mâture* sous cette voilure avec la petite brigantine, et les sept voiles ont,

Surface. . . . . = 23226,00 pieds carrés.

Avec sa grande brigantine il aurait. . . . . = 23944,00

Position du centre de voilure au-dessus de la flottaison avec la petite brigantine. . . . . = 75,28 pieds.

Id. en avant du milieu = 0,0770 de la longueur. = 15,01

Mais il serait moins en avant s'il était calculé avec la grande brigantine.

Le système proposé donne de différences.

Surface de voilure avec la petite brigantine. . . — 28,92 pieds carrés.

Et avec la grande brigantine. . . . . . . — 746,92

Sur l'élévation du point vélique. . . . . . — 1,53 pieds.

Et moins en avant du milieu = 0,0176 de la longueur. . . . . = 3,34

Suivant la théorie de L. Euler et Chapman, que nous suivons, ce vaisseau, étant sous toutes voiles, doit avoir son centre d'effort de voilure à peu près

En avant du milieu à 0,1167 de la longueur. . = 22,94 pieds.

Sa position au-dessus de la flottaison , aussi à peu
près. . . . . $=$ 87,50 pieds.

Et le moment de la voilure totale par rapport à la
flottaison , à peu près. . . . . . . $=$ 6039192,00

Nous donnons ici des à peu près, parce que nous ne
connaissons pas avec précision le déplacement du vaisseau
qui nous sert d'exemple ; nous nous sommes servis de celui
calculé à Rochefort pour un vaisseau de mêmes dimensions

(hors-d'œuvres). . . . . $=$ 5173,00 tonneaux.
La hauteur de la batterie étant. . . . . . $=$ 5,083 pieds.
Le métacentre supposé au-dessus de la flottaison. . $=$ 4,80

Si nous avions employé le déplacement du vaisseau
l'Océan. . . . . $=$ 4700,00 tonneaux.
La hauteur de sa batterie. . . . . . . $=$ 5,083 pieds.
Et la hauteur de son métacentre au-dessus de la
flottaison. . . . . $=$ 4,790
Le moment de la surface de voilure totale par rapport à la flottaison, ne serait que. . . . $=$ 5444535,00

Pour comparer à notre vaisseau n°. 1, nous avons calculé
la surface de la même voilure pour le vaisseau anglais n°. 1,
aussi à trois ponts, et en forçant sur les dimensions des
voiles, nous avons obtenu. . . . .   28099,38 pieds carrés.

Pour moment de cette voilure par rapport à la flottaison. . . . . $=$ 2245386,69
Pour moment par rapport à la perpendiculaire de
l'étambot. . . . . $=$ 3224925,81
Position du centre de voilure au-dessus de la flottaison. . . . . $=$ 79,91
Id. en avant du milieu $= 0,1437$ de la longueur. $=$ 25,63
Rapport de la surface de voilure, etc. du paralléllo-
gramme, etc. . . . . $=$ 3,256

Les différences avec notre vaisseau n°. 1, sont d'après le
système actuel :

Surface de voilure. . . . . . . —   5605,61 pieds carrés.
Sur l'élévation du centre de voilure. . . . . —   6,03 pieds.

Sur sa position en avant du milieu + 0,0037 de la
longueur. . . . . = 0,65 pieds.

Avec le rapport de la surface de voilure, etc., du
parallélogramme, etc. . . . . — 0,140

Et d'après le système proposé,

Surface de voilure. . . . . — 4594,21 pieds carrés.

Sur l'élévation du centre de voilure. . . . . — 2,91 pieds.

Et sur sa position en avant du milieu + 0,0011 de
la longueur. . . . . = 0,20

Avec le rapport de la surface de voilure, etc., du
parallélogramme, etc. . . . . — 0,038

Mais ce vaisseau anglais est de 18,22 pieds plus court que le nôtre, et seulement 2,16 pieds moins large. Ces différences dans les dimensions ne sont pas en rapport de la différence des voilures, et prouvent que ce vaisseau anglais est moins voilé que le nôtre.

Pour le vaisseau français n°. 5 de 74.

Sous les cinq voiles majeures, les trois perroquets, les quatre focs et la brigantine = 13 voiles. D'après le système proposé,

Surface de voilure. . . . . . . = 23575,27 pieds carrés.

Moment par rapport à la flottaison. . . . . = 1679851,79

Id. par rapport à la perpendiculaire de l'étambot. = 2485115,62

Position du centre de voilure au-dessus de la flottaison. . . . . = 71,26 pieds.

Id. en avant du milieu = 0,1237 de la longueur. = 20,91

Rapport de la surface de voilure, etc., du parallélogramme, etc. . . . . . . = 3,170

Suivant le *Traité de la Mâture*, page 144, ce même vaisseau a pour

Surface de la susdite voilure. . . . . . = 24016,00 pieds carrés.

Position du centre de voilure au-dessus de la flottaison. . . . . = 72,61 pieds.

3

Position en avant du milieu = 0,1140 de la longueur. . . . . = 19,69 pieds.

Rapport de la surface de voilure, etc., du parallélogramme , etc. . . . . = 3,229

Le système proposé donne de différences,

Surface de voilure. . . . . — 440,73 pieds carrés.

Élévation du centre de voilure. . . . . . — 1,35 pieds.

Sa position en avant du milieu + 0,0097 de longueur. . . . . = 1,22

Avec le rapport de la surface , etc., du parallélogramme , etc. . . . . — 0,059

Il faut se rappeler que ce bâtiment qui nous sert d'exemple est moins mâté qu'il ne l'est indiqué par le dernier règlement, pages 320 et 321 du *Traité de la Mâture*, rapporté table quatrième de cet ouvrage. Si nous l'avions suivi, les diffé-rences seraient plus grandes avec notre système proposé.

Ce même vaisseau, n°. 5, sous les cinq voiles majeures, le faux foc et la brigantine = 7 voiles. D'après le système proposé,

Surface de voilure. . . . . = 17484,31 pieds carrés.

Moment par rapport à la flottaison. . . . = 1102134,41

Id. par rapport à la perpendiculaire de l'étambot. . = 1609796,75

Position du centre de voilure au-dessus de la flottaison. . . . . = 63,04 pieds.

Id. en avant du milieu = 0,0447 de la longueur. = 7,57

D'après le système actuel,

Surface de voilure. . . . . = 17817,00 pieds carrés.

Position du centre de voilure au-dessus de la flottaison. . . . . = 64,45 pieds.

Id. en avant du milieu = 0,0350 de la longueur. = 5,49

Le système proposé donne de différences,

Surface de voilure. . . . . — 332,69 pieds carrés.

Élévation du point vélique. . . . . . . — 1,41 pieds

Sa position en avant du milieu + 0,0097 de la
longueur. . . . . = 2,09

D'après la théorie déjà citée, ce bâtiment sous toutes voiles doit avoir son centre d'effort de voilure, en avant du milieu,

A peu près à 0,1165 de la longueur.	=	19,69 pieds.
Et au-dessus de la flottaison.	=	77,00
Le moment par rapport à la flottaison, aussi à peu près.	=	2650524,24
En supposant que son déplacement.	=	3085,50 tonneaux.
Son métacentre au-dessus de la flottaison. .	=	3,855 pieds.
Et la hauteur de sa batterie.	=	5,250

Car nous n'avons pu nous procurer son déplacement exact.

Pour comparer à notre n°. 5, nous avons calculé la surface des treize voiles citées pour le vaisseau anglais n°. 7 de 74, qui est 10,42 pieds plus court, et 1,22 pieds seulement moins large que le nôtre.

Cette surface.	=	22708,84 pieds carrés.
Moment par rapport à la flottaison.	=	1522481,27
Id. par rapport à la perpendiculaire de l'étambot. .	=	2329031,96
Position du centre de voilure au-dessus de la flottaison.	=	67,04 pieds.
Id en avant du milieu = 0,1467 de la longueur. .	=	23,27
Rapport de la surface de voilure, etc., du parallélogramme, etc.	=	3,344

Différences avec le vaisseau français n°. 5, d'après le système actuel.

Surface de voilure.	—	1307,16 pieds carrés.
Élévation du centre de voilure.	—	5,57 pieds.
Et sa position en avant du milieu + 0,037 de la longueur.	=	3,99
Avec le rapport de la surface, etc., du parallélogramme, etc.	+	0,015

Différences avec le système proposé,

Surface de voilure.	—	866,43 pieds carrés.
Élévation du centre de voilure.	—	4,22 pieds.

Et sa position en avant du milieu + 0,0230 de la longueur. . . . . = 2,36 pieds.

Avec le rapport de la surface, etc., du parallélogramme, etc. . . . . + 0,174

Pour la frégate française n°. 9. Système proposé. Sous les treize voiles précitées.

Surface de voilure. . . . . = 19394,93 pieds carrés.
Moment par rapport à la flottaison. . . . . . = 1134868,19
Id. par rapport à la perpendiculaire de l'étambot. . = 1772597,49
Position du point vélique au-dessus de la flottaison. = 58,65 pieds.
Id. en avant du milieu = 0,1260 de la longueur. = 18,40
Rapport de la surface de voilure, etc., du parallélogramme, etc. . . . . = 3,640

Dans le *Traité de la Mâture*, page 146, cette frégate sous les mêmes voiles a :

Surface de voilure. . . . . = 19716,00 pieds carrés.
Position du centre de voilure au-dessus de la flottaison. . . . . = 60,67 pieds.
Id. en avant du milieu = 0,1180 de la longueur. . = 17,18
Rapport de la surface de voilure, etc., du parallélogramme, etc. . . . . . = 3,700

Le système proposé donne de différences,

Surface de voilure. . . . . — 321,07 pieds carrés.
Élévation du point vélique au-dessus de la flottaison. . . . . — 2,02 pieds.
Id. en avant du milieu + 0,0080 de la longueur. = 1,22
Avec le rapport de la surface, etc., du parallélogramme, etc. . . . . — 0,060

Sous les cinq voiles majeures, le grand et le petit focs, avec la brigantine ; suivant le système proposé :

Surface de voilure. . . . . = 14925,55 pieds carrés.
Moment par rapport à la flottaison. . . . . . = 767301,72
Id. par rapport à la perpendiculaire de l'étambot. . = 1244942,43
Position du point vélique au-dessus de la flottaison. = 51,41 pieds.
Id. en avant du milieu = 0,0713 de la longueur. = 10,41

Système actuel.

Surface de voilure.	=	15729,00 pieds carrés.
Position du centre de voilure au-dessus de la flottaison.	=	51,95 pieds.
Id. en avant du milieu = 0,0651 de la longueur.	=	9,50

Le système proposé donne les différences suivantes,

Surface de voilure.	—	803,45 pieds carrés.
Élévation du centre de voilure.	—	0,54 pied.
Id. en avant du milieu + 0,0062 de la longueur. .	=	0,91

Il est probable que nous obtiendrions moins de surface de voilure dans le système proposé, et plus de différences dans l'élévation du point vélique, si nous établissions nos vergues comme il est admis pour les calculs des surfaces de voilure; mais nous les avons établis à 0,65 seulement de la longueur du ton, au-dessous du capélage, dans tous les bâtimens qui nous servent d'exemples.

Suivant la théorie, cette frégate, sous toutes voiles, doit à peu près avoir son centre d'effort de voilure en avant du milieu = 0,1171 de la longueur. . . .

milieu = 0,1171 de la longueur. . . .	=	17,104 pieds.
Son élévation au-dessus de la flottaison.	=	66,79
Et son moment par rapport à la flottaison, aussi à peu près.	=	1615292,73

Nous nous sommes servis pour ces calculs du déplacement de *la Seine* et de celui de *la Cybèle*.

Le premier étant.	=	1311,30 tonneaux.
La hauteur de sa batterie.	=	6,00 pieds.
Id. de son métacentre au-dessus de la flottaison. .	=	7,202
Son moment par rapport à la flottaison. . . .	=	1832800,00
Le déplacement de la deuxième.	=	1466,76 tonneaux.
La hauteur de sa batterie.	=	6,00 pied.
Id. de son métacentre au-dessus de la flottaison. .	=	4,91
Son moment par rapport à la flottaison. . . .	=	1397785,45

Ce qui donne pour déplacement moyen. . . . = 1389,03 tonneaux.
Hauteur moyenne de la batterie. . . . . = 6,00 pieds.
Id. id. du métacentre au-dessus de la flottaison. . = 6,056
Et a donné pour le moment cité. 1615292,73

Pour comparer à notre frégate n°. 9, nous avons calculé la surface des treize voiles déjà mentionnées pour la frégate anglaise n°. 11, qui porte cinquante-deux bouches à feu, quoiqu'elle soit 10,88 pieds plus courte et 0,86 plus étroite que la nôtre, qui n'en porte que quarante-quatre.

Cette surface. . . . . = 17391,31 pieds carrés.
Son moment par rapport à la flottaison. . . . = 948726,11
Id. par rapport à la perpendiculaire de l'étambot. . = 1512623,88
Position du centre de voilure au-dessus de la flottaison. . . . . = 54,55 pieds.
Id. en avant du milieu = 0,1417 de la longueur. . = 19,42
Rapport de la surface de voilure, etc., du parallélogramme, etc. . . . . = 3,546

Différences avec le n°. 9, d'après le système actuel,

Surface de voilure. . . . . — 2324,69 pieds carrés.
Élévation du point vélique. . . . . . . — 6,12 pieds.
Sa position en avant du milieu + 0,0237 de la longueur. . . . . = 3,20
Avec le rapport de la surface, etc., du parallélogramme, etc. . . . . — 0,154

Différences avec le système proposé :

Surface de voilure. . . . . — 2003,62 pieds carrés.
Elévation du centre de voilure. . . . . . — 4,10 pieds.
Sa position en avant du milieu + 0,0157 de la longueur. . . . . = 2,12
Entre les rapports de la surface de voilure à la surface du parallélogramme circonscrit au plan de flottaison. . . . . — 0,094

Ces différences sont considérables dans des bâtimens presque semblables, même en admettant que nous n'ayons pas assez forcé sur les dimensions des voiles de la frégate anglaise, et que la surface de ses treize voiles pourrait avoir. . . . . $=$ 17716,00 pieds carrés.

Au lieu de 17391,31 que nous avons trouvés; la différence avec le système actuel n'en serait pas moins . . . . $=$ 2000,00

et prouve toujours que nos frégates ont beaucoup plus de voilure que les frégates anglaises.

D'après les devis qui nous ont été communiqués des corvettes *la Bayadère*, *la Sapho* et *l'Égérie*, et d'après les renseignemens que nous avons obtenus sur *l'Aigrette* et *la Diane*, toutes construites sur les gabarits de *la Victorieuse*, nous avons calculé qu'étant sous les cinq voiles majeures, les trois perroquets, la brigantine, le grand foc, le petit foc et le clin foc, en tout douze voiles, d'après leur système actuel, elles donnent :

La surface de cette voilure. . . . . $=$ 13365,38 pieds carrés.
Moment par rapport à la flottaison. . . . . . $=$ 699372,11
Id. par rapport à la perpendiculaire de l'étambot. $=$ 993173,85
Position du centre de voilure au-dessus de la flottaison. . . . . $=$ 52,33 pieds.
Id. en avant du milieu $=$ 0,1192 de la longueur.. $=$ 14,31
Rapport de la surface de voilure à la surface du parallélogramme circonscrit au plan de flottaison. $=$ 3,713

Le système proposé donne pour la même voilure,

Surface. . . . . $=$ 12588,05 pieds carrés.
Moment par rapport à la flottaison . . . . $=$ 619976,50
Moment par rapport à la perpendiculaire de l'étambot. . . . . $=$ 945317,86
Position du point vélique au-dessus de la flottaison. $=$ 49,25 pieds.
Id. en avant du milieu $=$ 0,1258 de la longueur. $=$ 15,10
Rapport de la surface de voilure à la surface du parallélogramme circonscrit au plan de flottaison. $=$ 3,495

Les différences sont pour le système proposé,

Surface de voilure. . . . . $-$ 777,33 pieds carrés.
Élévation du point vélique. . . . . $-$ 3,08 pieds.

Id. en avant du milieu + 0,0056 de la longueur. = 0,79 pieds.
Entre les rapports, etc., du parallélogramme, etc. — 0,218

Sous les cinq voiles majeures, la brigantine, le grand et le petit focs, suivant le système actuel :

Surface de voilure. . . . . . . = 10812,33 pieds carrés.
Moment par rapport à la flottaison. . . . . = 498089,31
Id. par rapport à la perpendiculaire de l'étambot. . = 759462,98
Position du point vélique au-dessus de la flottaison. = 46,07 pieds.
Id. en avant du milieu = 0,0853 de la longueur. = 10,24

Sous les mêmes voiles, suivant le système proposé :

Surface de voilure. . . . . = 10110,57 pieds carrés.
Moment par rapport à la flottaison. . . . . = 436066,39
Id. par rapport à la perpendiculaire de l'étambot. . = 716983,38
Position du point vélique au-dessus de la flottaison. = 43,13
Id. en avant du milieu = 0,0909 de la longueur. = 10,91

Le système proposé donne de différences :

Surface de voilure. . . . . . . = 701,76
Élévation du point vélique. . . . . . . = 2,94
Id. en avant du milieu + 0,0056 de la longueur. . = 0,67

En suivant la théorie d'Euler et de Chapman, déjà citée, cette corvette sous toutes voiles doit avoir son centre d'effort de voilure :

En avant du milieu = 0,1172 de la longueur. . = 14,06 pieds à p. pr.
Et au-dessus de la flottaison. . . . . . = 54,25
Moment de cette voilure totale par rapport à la
flottaison. . . . . = 804619,74 pour maxi.

N'ayant point le déplacement exact de cette corvette, nous avons employé le déplacement moyen entre les frégates *la Cybèle* et *la Seine*. . . . . . . = 1389,03 tonneaux.

Ce qui, par les méthodes ordinaires, donne pour
la Bayadère. . . . . = 762,87
Et en supposant le métacentre au-dessus de la flottaison. . . . . = 6,00 pieds.

Donne pour le moment de la voiture totale par
rapport à la flottaison. . . . . $=$ 779509,35 pieds.

Et en le supposant à cinq pieds au-dessus de la
flottaison ce moment. . . . . $=$ 649591,14

Mais nous avons employé pour le déplacement de cette corvette. . . . . $=$ 787,44 tonneaux.

Le métacentre au-dessus de la flottaison. . . . $=$ 6,00 pieds.

Et nous avons obtenu pour le moment de la voilure totale la somme indiquée ci-dessus, que
nous désignons comme *maximum*. . . . . . $=$ 804619,74

Nous disons le *maximum*, parce que nous donnons à cette corvette le plus grand déplacement qu'elle puisse avoir, ainsi que la plus grande élévation de son métacentre au-dessus de la flottaison ; et cependant, pour atteindre ce plus grand moment dans son système actuel, il faudrait moins de voilure que ses perroquets n'en comportent étant à la même élévation, car, si on ajoute leur moment à celui des douze voiles citées dans la première comparaison, le moment total sera. . . . . $=$ 821697,40

Et par conséquent plus grand que celui de toute la
voilure d'une quantité. . . . . $=$ 17077,66

Et si nous n'avions estimé la hauteur du métacentre au-dessus de la flottaison, comme il est assez probable qu'il est. . . . . $=$ 5,00 pieds.

Le moment de toute la voilure serait. . . . . $=$ 670516,30

Et moins grand que celui des douze voiles citées de
la quantité. . . . . $=$ 28855,81

Ce qui nous porte encore à croire que le moment que nous indiquons pour celui de la voilure totale, est porté à son *maximum*, et que le métacentre ne peut être à beaucoup plus de cinq pieds au-dessus de la flottaison, c'est que la grande corvette *la Méthyste* avait pour déplacement. . . . . $=$ 863,00 tonneaux.

Son métacentre au-dessus de la flottaison. . . . $=$ 4,77 pieds.

Sa batterie ayant de hauteur. . . . . = 5,33 pieds.

Et pour moment de sa voilure totale par rapport à
la flottaison. . . . . = 701048,32

Si l'on donnait à cette corvette une surface de voilure égale à quatre fois la surface du parallélogramme circonscrit au plan de sa flottaison. . . = 14400,00 pieds carrés.

Ce ne serait encore de différence avec les douze
voiles de son système actuel, que. . . . . . + 1034,62

Que l'on obtiendra en ajoutant le faux foc, dont la
surface. . . . . = 1034,62

Ce bâtiment a donc de trop toute la surface de ces six
voiles d'étais, que nous comprenons dans les principales
voiles, et en ne considérant comme accessoires que les cacatois et toutes les bonnettes.

Tout prouve donc que ces corvettes ont trop de voilures,
et qu'en les mâtant dans le rapport des frégates, nous leur
en donnons encore plus qu'elles n'en devraient avoir. Pour
mieux le prouver, nous avons calculé la surface des douze
voiles précitées pour la frégate anglaise n°. 14, qui, à la
vérité, est 6,93 pieds plus courte que notre n°. 13, mais
elle est 0,55 pieds = 6 pouces 7 lignes plus large, avec peu
ou point de rentrée, et plus creuse de 9 pouces 10 lignes; ses
fonds plus plains; et elle porte trente-huit bouches à feu,
tandis que la nôtre n'en a que vingt.

Nous avons forcé sur les dimensions des voiles, et nous
avons trouvé :

Leur surface. . . . . = 13003,48 pieds carrés.

Moment par rapport à la flottaison. . . . . . = 668632,50

Id. par rapport à la perpendiculaire de l'étambot. . = 910867,02

Position du centre de voilure par rapport à la flottaison. . . . . = 51,42 pieds.

Id. en avant du milieu = 0,1195 de la longueur. . = 13,51

Rapport de la surface de voilure à la surface du
parallélogramme circonscrit au plan de flottaison. = 3,766

Différences avec *la Bayadère*, suivant son système actuel :

Surface de voilure..	—	361,90 pieds carrés.
Moment par rapport à la flottaison.	—	30739,61
Élévation du centre de voilure..	—	0,91 pieds.
Id. en avant du milieu + 0,0003 de la longueur..	=	0,034
Entre les rapports, etc.,des parallélogrammes, etc.	+	053

Différences, etc. suivant le système proposé,

Surface de voilure.	—	415,43 pieds carrés.
Moment par rapport à la flottaison.	+	48656,00
Élévation du centre de voilure.	+	2,17 pieds.
Id. en avant du milieu — 0,0063.	=	0,76
Entre les rapports, etc. du parallélogramme, etc.	+	0,271

Mais il faut considérer que la masse de cette frégate anglaise est plus grande que celle de notre corvette, et que c'est l'espèce de navire anglais mâté sur les plus grands rapports,

Nous avons encore calculé pour comparer à notre n°. 13, la surface de la même voilure pour la corvette anglaise n°.15, qui est de 12,48 pieds plus courte; 0,63 pieds=7 pouces 6 $\frac{3}{4}$ lignes plus étroite; 0,07 de pied moins creuse, mais portant trente-deux bouches à feu.

Cette surface.	=	11292,43 pieds carrés.
Le moment par rapport à la flottaison.	=	539256,48
Id. par rapport à la perpendiculaire de l'étambot. .	=	776611,30
Position du centre de voilure au-dessus de la flottaison.	=	47,75
Id. en avant du milieu = 0,1396 de la longueur. .	=	15,01
Rapport de la surface, etc. du parallélogramme, etc.	=	3,543

Différences avec *la Bayadère*, suivant le système actuel :

Surface de voilure.	—	2072,95 pieds carrés.
Moment par rapport à la flottaison.	—	160115,63
Élévation du point vélique.	—	4,57 pieds.
Id. en avant du milieu + 0,0204 de la longueur. .	=	2,19
Entre les rapports, etc., du parallélogramme, etc.	+	0,170

Différences avec le système proposé :

Surface de voilure.	—	1295,62 pieds carrés.
Moment par rapport à la flottaison.	—	80720,02
Élévation du centre de voilure.	—	1,50 pieds.
Id. en avant du milieu + 0,0138 de la longueur..	=	1,48
Entre les rapports, etc. des parallélogrammes, etc. +		0,048

D'après ces comparaisons, nous sommes persuadés qu'il conviendrait de régler la mâture de nos corvettes no. 13, d'après les rapports indiqués pour les corvettes anglaises.

Pour les corvettes françaises n°. 14.

L'*Écho*, la *Friponne*, la *Coquette*, etc. sur les gabarits de *la Diligente*, mais dont la mâture primitive a été changée. Étant sous les cinq voiles majeures, le grand et le petit perroquet, la brigantine, le grand, le petit et le clin foc, en tout onze voiles. Suivant leur système actuel :

Surface de cette voilure.	=	9125,99 pieds carrés.
Moment par rapport à la flottaison..	=	379176,42
Id. par rapport à la perpendiculaire de l'étambot. .	=	562377,86
Position du point vélique au-dessus de la flottaison.	=	41,55 pieds.
Id. en avant du milieu = 0,0925 de la longueur. .	=	9,62
Rapport, etc. du parallélogramme, etc. . . .	=	3,375

Suivant le système proposé sous les susdites onze voiles :

Surface de voilure.	=	8940,14 pieds carrés.
Moment par rapport à la flottaison. . . .	=	357876,68
Id. par rapport à la perpendiculaire de l'étambot..	=	596649,54
Position du point vélique au-dessus de la flottaison.	=	40,03 pieds.
Id. en avant du milieu = 0,1417 de la longueur..	=	14,74
Rapport, etc. du parallélogramme, etc. . . .	=	3,306

Différences du système proposé :

Surface de voilure..	—	185,85 pieds carrés.
Élévation du point vélique.	—	1,52 pieds.

Id. en avant du milieu + 0,0492 de la longueur..   =   5,12 pieds.

Entre les rapports, etc. du parallélogramme, etc. .   —   0,069

Ce qui donne plus de stabilité et rend le bâtiment moins ardent, en portant le centre d'effort de la voilure beaucoup plus en avant : les corvettes dont il est ici question le sont au point de ne pouvoir conserver de voiles de l'arrière, lors-qu'il vente bon frais.

Sous les cinq voiles majeures, la brigantine, le grand et le petit foc, en tout huit voiles, suivant leur système actuel.

Surface de voilure.   .   .   .   .   =   7647,39 pieds carrés.

Moment par rapport à la flottaison.   .   .   .   .   =   280032,08

Id. par rapport à la perpendiculaire de l'étambot. .   =   439263,64

Position du point vélique au-dessus de la flottaison.   =   36,62 pieds.

Id. en avant du milieu = 0,0523 de la longueur. .   =   5,44

Sous les mêmes voiles, suivant le système proposé :

Surface de voilure..   .   .   .   .   =   7503,28 pieds carrés.

Moment par rapport à la flottaison.   .   .   .   .   =   266102,28

Id. par rapport à la perpendiculaire de l'étambot. .   =   466296,21

Position du point vélique au-dessus de la flottaison.   =   35,47 pieds.

Id. en avant du milieu = 0,0975 de la longueur.   =   10,14

Le système proposé donne les différences :

Surface de voilure.   .   .   .   .   —   144,11 pieds carrés.

Élévation du point vélique.   .   .   .   .   .   .   —   1,15 pieds.

Id. en avant du milieu + 0,0452 de la longueur.   =   4,70

Il est certain que le centre d'effort de voilure étant porté beaucoup plus en avant que dans le système actuel de ces corvettes, elles seront moins ardentes, et qu'elles arrive-ront avec plus de facilité.

Par la théorie déjà précitée, le centre d'effort de leur voi-lure totale doit être,

En avant du milieu = 0,1172 de la longueur.   .   =   12,19 pieds

Au-dessus de la flottaison.   .   .   .   .   .   .   =   49,58

Son moment par rapport à la flottaison, en supposant le métacentre à six pieds au-dessus de la
flottaison. . . . . $=$ 486554,79 pieds.

Toujours à peu près, car nous n'avons pas le déplacement exact de ces bâtimens; nous l'avons calculé par ap-
proximation, suivant les méthodes ordinaires, en nous
servant du déplacement moyen entre ceux des frégates *la
Cybèle* et *la Seine*, ce qui nous a donné pour ces corvettes:

Un déplacement. . . . . $=$ 523,83 tonneaux.
Et avons obtenu le moment ci-dessus, en supposant
le métacentre au-dessus de la flottaison. . . . $=$ 6,00 pieds.
Mais s'il n'était, comme il est très-probable, que. . $=$ 5,00
Le moment de la voilure totale, par rapport à la flot-
taison, ne serait que. . . . . $=$ 405462,37

Ce qu'il sera facile de vérifier lorsque l'on connaîtra le vrai
déplacement.

Nous avons calculé, pour comparer à notre n°. 14, la
surface des onze voiles précitées pour la corvette anglaise
n°. 17, qui n'est que 0,78 de pied plus courte, et 0,86
pied = 10 pouces 4 lignes plus large; 0,40 pouces = 4 pouces
9 lignes plus creuse, et porte vingt-huit bouches à feu.

Cette surface. . . . . $=$ 8545,25 pieds carrés.
Le moment par rapport à la flottaison. . . . . $=$ 355327,24
Id. par rapport à la perpendiculaire de l'étambot. . $=$ 578261,83
Position du centre de voilure au-dessus de la flot-
taison. . . . . $=$ 41,58 pieds.
Id. en avant du milieu 0,1556 de la longueur. . . $=$ 16,06
Rapport de la surface de voilure, etc. du parallélo-
gramme, etc. . . . . $=$ 3,083

Différences avec le système actuel de la corvette française
n°. 14.

Surface de voilure. . . . . — 580,74 pieds carrés.
Élévation du centre de voilure. . . . . . . + 0,03 pieds.
Id. en avant du milieu + 0,0631 de la longueur. . $=$ 6,51
Entre les rapports, etc. des parallélogrammes, etc. — 0,292

Différences avec le système proposé :

Surface de voilure.	—	394,89 pieds carrés
Élévation du centre de voilure.	+	1,55 pieds.
Id. en avant du milieu + 0,0139 de la longueur. .	=	1,44
Entre les rapports, etc. du parallélogramme, etc.	—	0,223

Nous établirons encore une comparaison de notre corvette n°. 14, avec la corvette anglaise n°. 18, qui est plus courte de 4,54 pieds, et plus étroite de 0,55 de pied = 6 pouces 7 lignes, avec le même creux que la nôtre, mais portant jusqu'à vingt-quatre bouches à feu.

La surface des onze voiles précitées.	=	7925,07 pieds carrés.
Le moment de cette voilure par rapport à la flottaison.	=	313788,07
Id. par rapport à la perpendiculaire de l'étambot. .	=	517457,92
Position du centre de voilure au-dessus de la flottaison.	=	39,59 pieds.
Id. en avant du milieu 0,1556 de la longueur. .	=	15,50
Rapport de la surface, etc. du parallélogramme, etc.	=	3,130

Différences avec la corvette française, n°. 14, d'après son système actuel :

Surface de voilure.	—	1200,92 pieds carrés.
Élévation du centre de voilure.	—	1,96 pieds.
Id. en avant du milieu + 0,0631 de la longueur. .	=	6,28
Entre les rapports, etc. du parallélogramme, etc. .	—	0,245

Différences avec la même corvette d'après le système proposé :

Surface de voilure.	—	1015,07 pieds carrés.
Élévation du point vélique.	+	0,44 pieds.
Id. en avant du milieu + 0,0139 de la longueur.	=	1,38
Entre les rapports, etc. des parallélogrammes, etc.	—	0,176 (1)

---

(1) Si nous n'avions pas craint de rendre ce travail trop volumineux, nous aurions donné les dimensions des voiles et la quantité de toiles à voiles, fil, ralingues, etc., qui entrent dans leur confection pour les bâtimens anglais de tous rangs, d'après le traité de la voilerie, édition de 1809.

Toutes ces comparaisons prouvent que les bâtimens français ont beaucoup plus de voilure que les bâtimens anglais, et que nos bâtimens doivent incliner d'avantage sous la même voilure, avec le vent d'une même force, le centre d'effort étant plus élevé. On doit se rappeler que les différences indiquées ne sont que pour la principale voilure, et qu'elles doivent être plus grandes sur la totalité, puisque nos bâtimens étant plus longs avec une même largeur, les voiles d'étais ont plus de surface que celles des Anglais. Cette différence de voilure entre les navires des deux nations, est sûrement une des principales causes qui font que les Anglais ont leurs équipages moins nombreux que les nôtres ; mais ils n'embarquent pas autant de mousses que nous.

On ne peut se dissimuler que les Anglais étant continuellement à la mer, surtout depuis vingt-cinq ans, y ont acquis beaucoup d'expérience, et que leur gouvernement, favorisant toujours par des épreuves les propositions des officiers, sont parvenus, à force d'essais et de tâtonnemens à établir un système de mâture qui se rapproche beaucoup plus que le nôtre de la saine théorie démontrée par plusieurs savans.

Il résulte du système des Anglais, que leur mâture étant mieux tenue que la nôtre, non-seulement parce qu'elle est moins haute, mais encore *parce que leurs bâtimens ont peu, ou même point de rentrée,* ils ne sont pas sujets comme nous à faire des avaries à la mer, et la tiennent avec sécurité pendant les plus mauvaises saisons ; et quoique l'on dise que nos bâtimens marchent mieux que les leurs, il n'en est pas moins vrai que l'on cite peu d'exemples, où dans ces derniers tems de la guerre, les nôtres aient échappé à leurs poursuites, ou les aient joints en les poursuivant, parce que dans un petit vent ils mettent dehors des voiles légères très-grandes, et qu'avec un bon frais ils portent leurs cacatois haut, quand nous sommes obligés d'amener, ou même de serrer les perroquets : cela ne dépend point de la carène de nos bâtimens, qui est superbe, car c'est surtout avec ceux pris sur nous, mais mâtés suivant leur système, qu'ils nous atteignent ou s'échappent le plus promptement ; preuve évidente que leur manière de mâter est plus convenable que la nôtre aux bâtimens de guerre français.

Quoiqu'il soit démontré théoriquement et par l'expérience que notre mâture était déjà précédemment trop élevée, cependant on l'a encore augmentée depuis quelques années, et on propose de l'augmenter encore. Ce n'est pourtant pas que plusieurs de nos hommes de mer, instruits en théorie et par l'expérience, n'aient fait quelquefois des observations sur notre énorme mâture; mais on n'a fait aucune attention à leurs représentations, parce que cela contrarie les opinions de quelques personnes, et tout reste imparfait. Si messieurs les ingénieurs étaient marins, ou si les marins étaient plus appliqués à la construction, on s'entendrait mieux; et, avec le secours de quelques sages mesures que prendrait le gouvernement, on pourrait en peu de temps perfectionner cet art en France, comme le font les autres nations maritimes, et surtout les Anglais.

Il n'a pas échappé à Bouguer, Bourdé-de-Villehuet et autres, que la mâture trop élevée était préjudiciable à la marche et aux bonnes qualités des bâtimens; elle était déjà trop élevée de leurs tems. Bouguer cite des navires qui, après avoir été démâtés en mer, s'étaient remâtés avec des mâtereaux, et marchaient tout aussi bien qu'avec leur mâture entière. « Il dit que M. de Radouay, commandant le
» vaisseau de 64 *le Fleuron*, pour un voyage de la Baltique,
» aidé d'une pratique éclairée et par une connaissance par-
» ticulière de la mer, fit diminuer sa mâture de 45 pieds.

» L'essai réussit au-delà de ce que l'on devait naturellement
» attendre d'une première tentative. » Nous n'avons pas
connaissance qu'il ait été imité depuis en France.

Bourdé-de-Villehuet prouve que des vaisseaux trop mâtés
ou trop chargés de voiles, marchaient mieux après avoir
serré leurs perroquets, bonnettes et voiles d'étai, qui les
faisaient beaucoup incliner. En effet les bâtimens ne sont
pas faits pour marcher sur le côté. Il est donc évident que
plus ils inclinent sous l'effort du même vent et de la même
voilure, moins ils doivent marcher.

Nous citerons notre propre expérience. La frégate *l'Active*
(prise sur les Anglais dans la baie de Chesapeak), étant sous
le commandement de M. le marquis de Traversay (actuellement ministre de la marine en Russie), pendant les années
1788, 89 et 90, était mâtée suivant le système français, et
ne portait pas bien la voile, malgré que M. de Traversay eût
fait diminuer le plus possible toutes les vergues et les voiles.
Il nous a fait voir plusieurs fois, pendant la campagne, que
la frégate forcée d'un vent frais marchait mieux avec un ris
dans les huniers, quelquefois deux, qu'avec les perroquets
hauts. Ces manœuvres étaient faites en moins de quatre mi-
nutes; le vent ni l'état de la mer n'avaient nullement le temps
de changer, et les autres bâtimens de notre escadre ne faisaient aucun changement dans leur voilure. Deux fois pendant la campagne nous avons manqué de sombrer sous
voiles, et ce n'est que par l'habileté de M. de Traversay que
nous avons évité les dangers. La frégate fut condamnée à
notre retour à Brest.

Sur la corvette *le Léger*, commandée par M. Willaumez
aîné (actuellement contre-amiral), revenant de l'expédition
d'Entrecasteaux en 1795, tous nos mâts de hunes ayant cassé
ou côti, furent rajustés en sifflet dedans et au-dessous des

chouquets, ce qui les raccourcissait d'au moins cinq pieds, puisque les huniers n'étarquaient pas très-bien avec un ris pris, et qu'on fut obligé de les couper de cette quantité. Le bâtiment acquit de la marche, eut les mouvemens plus doux, et malgré que nous ayons passé six jours sous la ligne à donner des demi-bandes, les mâts de hunes calés pour pouvoir calfater les préceintes, qui nous donnaient une voie d'eau, et que la contrariété des vents, au nord de la ligne nous forcèrent de courir jusque par les 44°. de la longitude O., nous ne mîmes que soixante-quatre jours pour nous rendre de l'île de Bourbon à Brest.

Sur la frégate *la Régénérée*, encore sous le commandement de M. Willaumez, alors capitaine de vaisseau pendant les années 1796, 97 et 98, nous chassâmes une frégate anglaise, qui n'était qu'à deux milles de nous. Nous filâmes constamment pendant la chasse 11 et demi et 12 nœuds, quelquefois douze et demi. La frégate anglaise n'a pas amené un pouce de ses cacatois ni de ses bonnettes, tandis que nous étions obligés d'amener et de hisser à chaque instant, même de carguer quelquefois nos perroquets, et nous avions encore l'inconvénient de ce que nos drisses et amures de bonnettes de hunes cassaient souvent ; et quoique *la Régénérée* fût d'une marche supérieure, nous ne pûmes joindre et combattre l'ennemi qu'après neuf heures de chasse. Nous fûmes démâtés de notre beaupré, du mât de misaine et du grand mât de hune. Dans cet état, nous gagnâmes Ténériffe avec des mâtereaux. A Santa-Cruz, nous nous remâtâmes le mieux possible. *Le nouveau beaupré avait douze pieds de moins que le précédent, la totalité du mât de misaine vingt-deux pieds et demi*, et celle du grand mât de hune avec celui du grand perroquet, *ensemble cinq à six pieds aussi de moins*. Les vergues de devant étaient proportionnées à leur mât respectif; et, avec ce nouveau gréement, sans avoir rien changé à notre arrimage, la frégate marchait comme un oiseau. Au plus près, nous donnions à la frégate *la Vertu* nos trois perroquets, les voiles d'étai, et quelquefois la grande voile. Vent largue et vent arrière, lorsqu'elle avait toutes voiles dehors, nous la tenions avec les huniers souvent sur le ton, et en peu de temps nous étions sur les bâtimens que nous avons voulu chasser. Cela prouve bien que ce n'est pas la plus haute mâture, surtout celle de l'avant, qui est la plus avantageuse pour la marche.

Nous avons vu relâcher à l'Ile-de-France, en 1801, un vaisseau danois de 64, qui ayant démâté de tous mâts en mer, s'était regréé avec des mâts de hunes pour bas mâts, des mâts de perroquets pour mâts de hunes, et des mâts de cacatois pour mâts de perroquets; avec ce nouveau gréement, il virait très-bien de bord vent devant, même d'un petit tems, et le capitaine nous a dit qu'il ne s'était point aperçu qu'il y eût eu une différence de marche sensible avec celle qu'avait son vaisseau avant le démâtage; cela le décida à prendre la mâture d'un vaisseau de compagnie anglaise, beaucoup plus courte que son bâtiment ne le comportait. Le vaisseau français *le Commerce de Paris* à 3 ponts, a eu le même avantage, lorsqu'il démâta dans la Méditerranée, en 1808. Avec ses mâtereaux, il naviguait bien, et tenait très-bien son poste en escadre.

Comme tous les marins qui ont beaucoup navigué ont vu de semblables exemples, nous aurions un grand nombre de preuves à donner en défaveur de la trop haute mâture, mais nous nous bornerons à dire combien elle est préjudiciable aux bonnes qualités de nos corvettes actuelles, construites sur les plans de *la Victorieuse* et de *la Diligente,* dont nous avons fait connaître plus haut la surface de leur voilure, sous les n°s. 13 et 14.

Les corvettes *la Bayadère*, *la Sapho* et *l'Égérie*, dont nous avons les devis, avaient de lest en fer :

La première.	=	87 tonneaux.
La deuxième.	=	87
La troisième.	=	96

Étant toutes équipées, la chaloupe et les canots embarqués, et prêtes à faire voiles, elles devaient, d'après leur devis donnés par les ingénieurs, avoir pour tirant d'eau au milieu :

La Bayadère.	=	13,31 pieds.
La Sapho.	=	13,38
L'Égérie.	=	12,83
La différence de tirant d'eau pour la meilleure marche devait être sur l'arrière.	=	1,50 à 1,67 pieds.

La Sapho n'a jamais mieux marché ni mieux porté la voile, qu'après avoir augmenté son lest en fer de 16 tonneaux (ce qui lui en faisait 103), et avoir pour tirant d'eau au milieu 13,88 pieds = 0,50 de pied = 6 pouces de plus en grand, qu'il n'était indiqué par le devis de l'ingénieur; ce qui diminuait d'autant la hauteur de sa batterie, qui, au lieu d'être de 5,17 pieds, était réduite à 4,67 pieds; la différence sur l'arrière était alors de 1,58 pieds.

Le capitaine qui a fait le voyage à Java note sur son devis, que ce bâtiment avait acquis par cette augmentation de lest des qualités extraordinaires, particulièrement dans sa stabilité et dans la douceur de ses mouvemens.

Sa marche, comparée à celle de la frégate *la Méduse*, était ordinaire au plus près, supérieure avec les vents de la hanche, et avantageuse vent arrière. Le lest était étendu sur les ailes, et le capitaine s'était cru obligé de mettre un rang de gueuses en chapelet, en à-bord des deux côtés, le long du dernier rang des pièces du premier plan.

Dans cet état, le grand mât a souffert, ses jottereaux, ses élongis, ainsi que ceux du mât de misaine ont consenti, et le capitaine *croit* que la mâture serait forcée dans ses proportions pour le guindant, ainsi que la grande vergue dans toutes ses dimensions, si le bâtiment n'avait pas des qualités rares.

Il est certain que si cette mâture n'était pas si élévée, elle serait mieux appuyée, que le grand mât n'aurait pas consenti, que les élongis des deux mâts n'auraient pas craqué sous le poids des énormes mâts de hunes qu'ils avaient à supporter, et qu'on n'aurait pas été obligé d'augmenter le chargement pour faire caler de six pouces en grand ce bâtiment, aux dépens de la hauteur de sa batterie, ce qui est un grand inconvénient. On voit dans la table huitième la différence de mâture et d'envergure qu'auraient ces corvettes, si elles étaient mâtées par les Anglais, et que surtout le grand mât de hune aurait 5,92 pieds de moins, et le petit 6,64 pieds. Différences que nous conservons à peu près dans la table dixième de l'application de notre système proposé, en comprenant ces grandes corvettes dans le rang des frégates; mais, comme nous l'avons dit précédemment, nous sommes persuadés qu'il conviendrait de ne leur donner que la mâture convenable à leurs proportions comme corvettes.

La *Bayadère* a la même mâture que *la Sapho*. Pendant qu'elle a été armée de 1812 à 1814, elle a été essayée plusieurs fois sur la rade de l'île d'Aix, et comparée aux frégates *la Circé*, *la Saal* et autres. On lui a remarqué beaucoup de bonnes qualités.

Le capitaine qui la commandait alors déclare dans son devis que cette corvette lui a paru facile à incliner, mais qu'à la vérité il ne l'avait jamais vue assez plombée, ses soutes et ses pièces à eau étant à peu près vides ; qu'elle marche fort bien à toutes les allures, comparativement aux bâtimens cités ci-devant, et que le tirant d'eau au milieu pour la meilleure marche était 13,75 pieds, c'est-à-dire, 0,44 de pied, ou 5 pouces 3 lignes de plus qu'il n'était indiqué par le devis de l'ingénieur, ayant une différence sur l'arrière de 17 à 18 pouces, demandant que le lest soit étendu sur les ailes.

Il y a contradiction dans ce paragraphe ; car, pour que ce bâtiment tirât 5 pouces 3 lignes de plus qu'il ne devait le faire selon le devis, il a fallu qu'il fût plus chargé qu'il ne devait l'être. Cette augmentation a pu se faire avec du lest en pierre, sans avoir rempli ses soutes ni ses pièces à eau. De telle manière que ce soit, la hauteur de sa batterie, qui était de 4,92 pieds, a été réduite à 4,48.

Le capitaine *pense* que les mâts de hunes ont trop de guindant ; ce qui le lui fait supposer et ce qui le prouve, c'est qu'avec la même brise, étant à s'essayer avec les frégates précitées, elle marchait mieux avec deux ris dans les huniers que quand ils étaient hauts ; nouvelle preuve que ces corvettes sont trop mâtées.

Il est à la connaissance de tous les officiers embarqués alors sur la division de l'île d'Aix, que dans un grain *la Bayadère* manqua de chavirer. Que fût-elle devenue, si cette grande inclinaison eût eu lieu dans une grosse mer ? elle eût sombré.

Le capitaine avait demandé plusieurs fois à faire diminuer sa mâture ; on lui répondit que la corvette devait naviguer ainsi mâtée, et que s'il craignait de la commander dans l'état où elle se trouvait, on en donnerait le commandement à un autre. Cette corvette a encore donné des preuves de son instabilité, pendant sa station au bas de la rivière de Bordeaux, sur la fin de 1814 et au commencement de 1815.

Nous tenons d'un capitaine de frégate, de réputation distinguée, qui a commandé *la Diane*, que quelques changemens qu'il ait faits dans son arrimage, même en la faisant caler en grand de 4 à 5 pouces de plus qu'il ne lui était assigné par son devis, elle avait toujours mal porté la voile, et lui avait souvent donné des inquiétudes.

Un officier qui a été long-temps embarqué sur *l'Aigrette*, nous a dit qu'au commencement de 1814, étant à louvoyer dans le goulet de Brest d'un bon frais, à tenir les huniers hauts, elle manqua de chavirer au moment de doubler les feuillettes ; elle inclina jusqu'au plat bord, et on fut assez heureux pour qu'elle se relevât, en débordant partout à tête de bois ! Sa mâture a été diminuée à Toulon, ainsi que l'avait été celle de *la Victorieuse*, et à Dunkerque, on a aussi coupé celle de *l'Égérie*. Ce qui prouve la nécessité d'en faire autant à tous ces beaux bâtimens, bien construits et de belles formes, mais qui seront toujours de mauvais navires à la mer, tant qu'on ne fera pas de grands changemens dans leur mâture. Il est vrai qu'une mâture très-élevée plaît davantage à l'œil qu'une mâture convenablement proportionnée, et c'est ce qui flatte ceux qui ne voient les navires, ou qui ne naviguent dessus que sur les rades et dans les ports.

Nous avons remarqué qu'indépendamment de leur forte mâture, ces corvettes ont leurs manœuvres proportionnellement trop grosses, et toutes ces pesanteurs réunies sont nuisibles à leur stabilité.

Le moment serait favorable pour faire des épreuves décisives sur la mâture actuelle de ces bâtimens, et suivant le système proposé. *La Sapho* passe au grand radoub, et sa mâture est condamnée. On pourrait lui faire des bas mâts aussi longs que les précédens, mais avec cette différence, que le grand diamètre serait de 3,0I pieds plus haut; celui du mât de misaine 3,2I pieds, et celui du mât d'artimon, 2,I8 aussi plus haut: elle serait gréée comme précédemment avec son vieux gréement, et on l'enverrait passer quelques jours à la mer de compagnie avec *la Bayadère*, ou autre semblable, aussi gréée suivant son système actuel, pour s'essayer à toutes les allures. Les officiers et les ingénieurs seraient embarqués sur ces corvettes, qui feraient les plus scrupuleuses observations sur leurs différences de marches et sur toutes leurs qualités, que les changemens de tirant d'eau ou autres causes pourraient occasioner. Au retour, on établirait la mâture de *la Sapho* telle qu'elle est indiquée dans la table dixième, sans rien changer à son arrimage, mais en remplaçant les objets consommés, et la rappelant seulement à sa meilleure différence de tirant d'eau, si toutefois le poids de la nouvelle mâture y eut occasioné quelque changement. Sans avoir non plus rien changé à l'état de l'autre corvette, et après avoir embarqué son remplacement, on les enverrait encore passer quelques jours à la mer, pour y faire les mêmes observations que dans la première sortie. Au retour, on ferait permuter de mâture aux deux corvettes, et sans rien changer à leur arrimage, mais en remplaçant seulement ce qu'elles auraient consommé dans leur dernière sortie, afin de conserver toujours le même poids du premier chargement, qui ne devra éprouver d'autre changement que celui occasioné par la différence de poids des deux mâtures. Après cette opération, on les enverrait de nouveau passer quelques tems dehors, pour y continuer les mêmes observations que précédemment. Des devis bien circonstanciés seraient dressés pour chaque sortie par les officiers et les ingénieurs assemblés en conseil, dans chacun de leur bâtiment; et au retour dans le port, il serait nommé une commission, aussi composée d'officiers et d'ingénieurs de la marine, qui examinerait ces devis, les cazernets et les journaux particuliers des états-majors : elle prononcerait sur les qualités qu'elle aurait reconnues les meilleures à ces bâtimens, étant gréés avec les deux différentes mâtures. Ce rapport serait envoyé directement au ministre de la marine par la commission.

Les corvettes *la Friponne*, *la Coquette*, *l'Écho*, etc., bâties sur les plans de *la Diligente*, construites à Brest par M. Ozanne, sont des bâtimens légers d'une grandeur dont on peut tirer un bon parti, comme avisos, mouches, etc.

Les changemens qu'on a faits à la mâture primitive de ces bâtimens leur sont préjudiciables, et leur ôtent une partie des bonnes qualités qu'avait *la Diligente*. M. Ozanne a donné à ces corvettes la position des mâts comme aux bricks et très-inclinés sur l'arrière; mais comme elles ont 104 pieds de longueur, et que leur gui n'aurait pas été maniable, pour leur en soustraire une partie, il a substitué un petit mâtereau à flèche en place du mât d'artimon, servant uniquement pour installer une brigantine, aussi facile à manœuvrer que celle d'une goëlette. *La Diligente* ainsi gréée a eu une marche supérieure et rare. Mais bientôt des officiers ont voulu avoir un mât d'artimon garni de sa hune, perroquet de fougue et perruche, sans autres motifs que pour avoir un perroquet de fougue pour pouvoir mettre sur le mât, lorsqu'étant en escadre ou division ils marcheraient mieux que les autres bâtimens. Il paraît que les mâts de hunes ont aussi été augmentés; et il en résulte, outre que la surface de voilure est trop forte, que le point vélique de ces corvettes est si rapproché du milieu, qu'elles sont extraordinairement ardentes, et ne peuvent avoir de voiles de l'arrière dès qu'il vente bon frais. Nous en citerons un exemple.

Au mois de mars ou d'avril 1816, l'Écho, se rendant de Brest à Rochefort, avait l'ordre de tenir la mer pendant quelques jours; elle était si ardente, qu'il était impossible de porter sa brigantine et le perroquet de fougue en même tems, quoique tous les focs fussent dehors, et si on en serrait un, on était obligé de serrer les voiles de l'arrière. Nous tenons du capitaine et de deux officiers, que d'une brise à perroquets étant au plus près, le bâtiment ayant des mouvemens durs et filant un peu moins de six nœuds, les perroquets et la brigantine furent serrés, et aussitôt la corvette fila huit nœuds, et eut les mouvemens plus doux. Cela prouve bien qu'il est nécessaire de rétablir la voilure primitive de ces navires, et de diminuer ce qu'ils en ont de trop; il serait aussi très-convenable de leur donner celle que nous leur assignons dans la table dixième, avec la position des mâts donnés dans la table neuvième.

Les Anglais avaient dans l'Inde, pendant les années 1807 à 1812, et peut-être après, un brick nommé le Baracouta (le grand chien), portant vingt-deux caronades de 32, qui était gréé comme nos corvettes n°. 14, avec cette différence, que son mât d'artimon était à bascule, et que dans un instant il le gréait ou le dégréait : cette manière conviendrait sûrement mieux à nos petites corvettes, tant que l'on donnera à leur mât la même position que dans les bricks.

Les proportions de la mâture actuelle des bricks sont aussi plus fortes que celles données dans le Traité de la Mâture, pag. 102, et beaucoup plus grandes que celles des bricks anglais.

Plusieurs flûtes et gabarres sont aussi mâtées dans les proportions des bâtimens de guerre légers; leur destination comme transport et la faiblesse de leurs équipages ne leur permettent pas d'avoir un gréement si matériel; il devrait être réglé sur d'autres bases, et le gouvernement y trouverait des économies. Nous serions portés à les mâter dans les mêmes rapports que les vaisseaux à trois ponts, dans notre système proposé, avec une envergure moins forte.

Nous ne doutons pas que des hommes plus instruits que nous ne puissent traiter par une théorie plus savante l'art de la mâture; mais nous en parlons d'après l'expérience de toutes les nations, et l'expérience ne s'accorde pas toujours avec la théorie. Il faut se rappeler ce que dit Forfait : « Que » c'est à *l'Art du Manœuvrier* à redresser les erreurs du » constructeur. » Et Vial du Clairbois, « que pour innover en » marine, il faut être autant marin qu'ingénieur, et, dans tous » les cas, que pour faire le bien il faut avoir beaucoup » de crédit. »

Une institution qu'il serait bon d'établir pour la perfection de la marine, serait celle d'une commission permanente dans chaque port, composée d'officiers et d'ingénieurs de la marine; au retour de chaque campagne, les capitaines remettraient à cette commission un devis détaillé et bien circonstancié sur toutes les qualités qu'ils auraient remarquées pendant leur voyage à leur bâtiment. Ce devis ne serait rempli que par l'état-major assemblé en conseil, présidé par le capitaine, et chacun communiquerait ses observations. La commission l'examinerait avec une scrupuleuse attention, ainsi que les cazernets et journaux particuliers des officiers. Elle ferait son rapport directement au ministre de la marine, sur les bonnes ou mauvaises qualités reconnues aux navires, et proposerait les changemens qu'elle jugerait convenable de faire, pour perfectionner les qualités ou rectifier les défauts, s'il en était reconnu aux bâtimens.

Ce qui nous porte à proposer l'établissement de cette commission dans chaque port, c'est qu'au retour des campagnes, les devis que remettent les capitaines sont ordinairement empilés dans les archives, sans qu'il y soit fait assez d'attention, et le bâtiment continue à naviguer avec les causes de ses mauvaises qualités, s'il en a. Très-souvent aussi les devis ne donnant pas assez de renseignemens, on les regarde comme inutiles. Les autres nations ne construisant leurs bâtimens de guerre que pour leurs officiers de marine, instruits dès leur enfance et accoutumés à manier ces énormes machines, et considérés comme les seuls hommes capables d'en apprécier les qualités bonnes ou mauvaises, on fait la plus grande attention à leurs observations. Par ce moyen, ils perfectionnent de plus en plus, tandis que la marine française reste en arrière.

La table XI contient le nombre des haubans, galhaubans, étais, et leur circonférence; le diamètre des caps de mouton et mocques qui entrent dans le gréement d'un bord seulement, dans les bâtimens de guerre anglais de tous rangs.

La table XII contient les mêmes articles pour les bâtimens de guerre français.

En comparant ces deux tables, on verra généralement que les manœuvres dormantes des Anglais sont plus grosses que les nôtres, et que tous leurs haubans sont commis en grélins, ce qui leur donne plus de force; mais l'expérience a prouvé que les nôtres le sont assez, ce qui est à notre avantage pour la légèreté.

Quelques-uns de nos vaisseaux ont un hauban de plus de chaque bord que les leurs de même rang, et nous en portons

toujours un de plus au grand mât qu'au mât de misaine.
Les Anglais les ont en nombres égaux aux deux mâts. Leurs
plus petites corvettes en ont sept de chaque bord, ce qui est
judicieusement combiné; car le mât de misaine, quoique plus
court, fatigue plus que le grand mât, surtout dans les petits
bâtimens. Il a besoin d'être mieux soutenu, puisque malgré
les plus grandes précautions, c'est presque toujours celui
qui manque le premier. Il nous paraît convenable d'adopter
en cela leur manière, ainsi que pour le beaupré, à qui ils
mettent deux haubans de chaque côté, pendant que nous
n'en n'avons qu'un. Le nombre de galhaubans et faux galhaubans est égal dans les bâtimens des deux nations.

Nous avons l'avantage sur les Anglais pour nos caps de
mouton et mocques, dont le diamètre est moins grand que
celui des leurs.

Nous observons cependant que, dans notre gréement,
comme dans celui des Anglais, plusieurs bâtimens de gran-
deurs différentes ont des manœuvres de grosseurs égales.
Par exemple, un vaisseau de 64 a les galhaubans de hunes
égaux en grosseur à ceux de la frégate de dix-huit. D'après
les proportions des bâtimens, ces manœuvres doivent être
trop faibles pour le vaisseau ou trop fortes pour la frégate.
Si elles sont suffisantes pour le vaisseau, il y aura économie
à les réduire convenablement pour la frégate.

La table XIII donne la grosseur des principales manœuvres courantes, leur nombre et celui des poulies dans
lesquelles elles passent, pour un bord seulement, dans les
bâtimens de guerre anglais. Dans les tables anglaises, l'espèce et la longueur des poulies y sont indiquées; nous avons
supprimé ces deux colonnes, qui auraient mis trop de con-
fusion dans nos tables.

La table XIV contient aussi la longueur et la grosseur des principales manœuvres courantes pour un bord seulement, dans les bâtimens de guerre français, selon l'usage du port de Rochefort; nous en donnons le poids au lieu du nombre des poulies, qui est à très-peu près le même que chez les Anglais. En comparant ces deux tables, on verra que nos manœuvres sont généralement plus grosses que celles des Anglais, et qu'elles sont en même nombre, mais ce qu'ils ont d'avantageux et de commode, c'est leur traversière à itague et à palan, appliquée à un bossoir ou davier portatif, qu'ils placent en différens lieux pour traverser leurs ancres, ce qui est bien plus maniable que nos candelettes. Ils ont aussi beaucoup de manœuvres du mât de misaine égales en grosseur à celles du grand mât. Les nôtres ne le sont pas si généralement, et il serait bon d'adopter cet usage.

La table XV fait connaître la grosseur des câbles, leur nombre, celui des ancres avec leurs poids, correspondant à chaque bâtiment de guerre anglais.

La table XVI est de même contenu pour les bâtimens de guerre anglais.

En comparant ces deux dernières tables, on remarquera que les vaisseaux anglais ont plus de câbles que les nôtres; mais ils ne sont que de 113,7 brasses, tandis que les nôtres sont de 120 brasses: qu'ils les ont tous d'une égale grosseur pour leurs quatre ancres de bossoirs, et qu'ils les ont à peu près en mêmes proportions que les nôtres, sur la circonférence, par rapport à la grandeur des bâtimens. Leur grande touée est de 3 cables = 341 brasses. Les nôtres ne sont que de 2 cables = 240 brasses.

On verra que les quatre ancres de bossoirs de tous les bâtimens anglais sont d'un même poids, et que c'est un avantage dont nous ne jouissons pas : que celles de nos vais-

seaux sont un peu plus pesantes que celles des leurs, proportions gardées entre eux, mais que leurs frégates les ont
plus fortes que les nôtres. Ils ont moins d'ancres à jets que
nous.

Les ancres de bossoirs devant toutes servir aux mêmes
usages pour amarrer et tenir le bâtiment, c'est un avantage
de les avoir toutes quatres d'un même poids; étant à poste,
elles balancent mieux le navire, et s'il arrive d'être obligé de
les relever du côté opposé à celui où elles ont été mouillées,
il n'est pas nécessaire de les changer de bord. Il serait bon
d'adopter cette méthode dans la marine française.

Les tables XVII et XVIII contiennent la quantité de
fils de carets qui entrent dans la confection des pièces de
cordages anglais, commis en aussières, en grêlins, etc ;
le poids d'une brasse et de chaque pièce suivant sa longueur
anglaise, et 120 brasses françaises.

La table XIX fait aussi connaître la grosseur des
différentes espèces de cordages français, le nombre de
fils de carets qui les composent, le poids d'une brasse, et celui
de la pièce de 120 brasses, suivant l'usage du port de Brest.

La mèche du filain anglais, en douze tourons et quatre
cordons formant les étais, contient autant de fils de carets
de même espèce, et est semblable à un des tourons; ce qui
est préférable à notre usage de ne mettre pour mèche que
de mauvais fils de carets blancs, qui conservent l'humidité
après les pluies, et contribuent à échauffer le filain, de manière à accélérer sa ruine. Il nous paraît que la mèche devrait
être de deuxième brin, bien filé et passé au goudron, puisque cet espèce de vernis est considéré comme préservatif
contre les effets de l'eau.

On verra qu'à grosseurs égales, le cordage anglais de
toute espèce est plus lourd que le nôtre de même espèce, ce

qui pourrait être occasioné par la différence de commet-
tage d'une part, par la nature de la mèche de l'autre, dans
celui qui en a, et par la qualité du chanvre mieux affiné et
filé plus fin ; ce qui doit donner un peu plus de force.

Aussi, à grosseurs égales, le cordage anglais contient un
plus grand nombre de fils de caret que le cordage français,
comme suit :

Un câble anglais de 22,50 pouces. . .	=	3006 fils de caret.
Un câble français de même grosseur. . .	=	2529
Différence.	—	477
Un étai anglais de 18 pouces.	=	2362 fils de caret fins.
Sa mèche.	—	182
Les douze tourons.	=	2180
Un étai français de 18 pouces. . . .	=	1572
Différence.	—	608
Un étai anglais de 18 pouces — la mèche.	=	1745 fils de caret ordinaires.
Différence avec celui français ci-dessous.	+	173
Une haussière anglaise de 3,28 pouces en trois tourons.	=	102 fils de caret fins.
Une haussière française..	=	54
Différence.	—	48
Une autre haussière anglaise de 3,28 pouces.	=	78 fils de caret ordinaires.
Une id. française de même grosseur. . .	=	48
Différence.	—	30

Nous ne voyons pas les avantages qu'il y a d'avoir du fil
de caret très-fin , car le déchet et l'augmentation de dépense
en main d'œuvre qu'il occasione pour l'obtenir , ne répon-
dent point au service qu'on s'en propose tant dans sa force
que dans sa durée. Le fil de caret de premier brin, de quatre
lignes de circonférence, et celui de deuxième brin , de quatre

lignes et demie, offrent tous les avantages qu'on peut désirer dans le cordage de ces deux qualités.

La table **XX** fait connaître la quantité de canons et caronades composant l'artillerie des bâtimens de guerre anglais de tous rangs, le poids des affûts et des pièces de chaque batterie, avec le poids total de toutes en livres et en tonneaux; mais n'ayant pu nous procurer le poids des affûts des caronades anglaises, nous leur en avons substitué un, égal à autant de fois le poids du boulet du calibre de la pièce anglaise, que les affûts français pèsent de fois le poids du leur; ce qui ne peut s'écarter beaucoup de la vérité.

Le règlement ne mentionne point les pièces d'artillerie de supplément, nous les avons comprises dans l'armement de chaque bâtiment, d'après des notes particulières et sur ce que nous avons vu par nous-même.

Les différentes longueurs des canons sont désignées comme suit : l. longs, c. courts, m. moyens; c. m., le n. 3 des calibres de 9 et de 6, qui sont de quatre espèces.

Nous avons répété la longueur des bâtimens et leur largeur en dehors des membres, pour que l'on puisse prendre une idée plus exacte de leur armement.

La table **XXI** contient les mêmes détails d'armement pour les bâtimens de guerre français, et particulièrement ceux dont on fait usage actuellement; nous en ferons la comparaison.

Les Anglais ne désignent leurs vaisseaux, frégates et corvettes, que par le nombre de canons qu'ils doivent porter d'après le règlement; les caronades et autres pièces d'artillerie n'entrent point en ligne de compte: c'est ainsi que le vaisseau à trois ponts n°. 1 est dit de 110 canons, tandis qu'il porte non-seulement 119 bouches à feu qui lui sont passées par le règlement, mais encore toutes celles que le capitaine croit que son vaisseau pourra porter en sus, afin de pouvoir faire le plus de mal possible à leurs ennemis, et on a vu tels vaisseaux de 110 canons porter jusqu'à 130 bouches à feu, plus ordinairement 127, et pas moins de 125, parmi lesquelles il y avait 19 ou 20 caronades de 32 et 24, et, indépendamment de cela, tous les vaisseaux et frégates ont des caronades de 18 ou de 12 dans les hunes pendant le combat; ce qui leur permet, ayant du 32, 24 et 18 en batterie, de prêter côté à nos plus forts trois ponts portant du 36, 24 et 12, avec 12 caronades de 36 en fer : car on doit compter pour rien les 6 caronades en bronze de la dunette, qui sont plus préjudiciables qu'utiles, et dont on devrait supprimer l'usage, pour les remplacer par d'autres en fer, quand même elles seraient d'un plus petit calibre. La différence du poids de l'artillerie des deux vaisseaux n°. 1 français et anglais, n'est que de 22 tonneaux 160 livres, occasionée par la différence du poids des affûts, par celui des canons de 36, et par les 7 pièces que notre vaisseau porte de plus que le vaisseau anglais, lorsqu'il n'en monte que 125; ce qui est bien peu de chose, si on considère que le vaisseau français est 18,22 pieds plus long, et 2,10 pieds plus large que le vaisseau anglais.

Nous n'avons point en usage en ce moment des vaisseaux pour comparer aux vaisseaux anglais n°. 2, 3 et 4, qui sont à trois ponts.

Le vaisseau anglais n°. 2, dit de 100 canons, qui est 5,47 pieds plus court et seulement 0,48 de pied plus large que notre vaisseau de 80 n°. 4, doit porter par le règlement 108 bouches à feu; mais les capitaines lui en font porter jusqu'à 118, jamais moins de 114, et changent encore une partie de leurs canons de gaillards pour des caronades.

En considérant le nombre des canons que l'on fait porter

à nos bâtimens, n'a-t-on pas lieu d'être surpris de voir que les Anglais font porter 110 et 106 bouches à feu à leurs vaisseaux n°. 3 et 4, qui n'ont que 168,90 pieds et 166,54 pieds de longueur, et par conséquent un peu plus courts que notre petit 74 n°. 5? mais le premier est 1,66, et le deuxième, 0,73 pieds plus large. Le règlement les désigne comme vaisseaux de 98 et 90 canons, et leur passe à tous deux 106 pièces d'artillerie, ayant en batterie du 32, 18 et 12, dans la troisième, comme sur les gaillards; et pour une partie de ces derniers ils prennent des caronades en place, avec quelques autres en supplément. On remarquera que le n°. 3 ne pouvant porter 12 pièces sur le gaillard d'avant, comme il est indiqué dans la table vingtième, les place sur les passe-avants, et n'en tient au plus que quatre devant.

On ne trouvera pas extraordinaire que les Anglais et les autres nations fassent porter autant de pièces d'artillerie à leurs bâtimens, si on fait attention que l'histoire nous transmet qu'en 1665 le vaisseau *les Sept-Provinces* de 80 canons, que montait l'amiral Ruyter, n'avait que 142,50 pieds de longueur et 37,50 de largeur.

Les grands vaisseaux espagnols sont à peu près de 15 pieds plus courts que les nôtres, et les Danois à peu près autant. Ceux-ci comprennent dans le nombre des canons de leurs batteries les pièces qu'ils tiennent toujours en poupe.

Le vaisseau anglais n°. 5, dit de 80, qui est à peu de chose près de même longueur que notre 74 n°. 5 et 1,19 pied plus large, porte 88 bouches à feu. Il est moins bien armé que notre 80 n°. 4, n'ayant que du 32 et du 18 en batterie; mais il a un grand nombre de caronades, qu'il prend en place d'une partie de ses canons de gaillards. Son artillerie est de près de 21 tonneaux plus légère que celle de notre 74.

Le vaisseau anglais n°. 6, dit grand 74, est de même longueur que le précédent, et 0,38 pied plus large que notre petit 74 n°. 5; il porte aussi 88 bouches à feu, parmi lesquelles il a 22 caronades et 6 canons de 18 sur les gaillards. Cette artillerie pèse près de 19 tonneaux de moins que celle de notre n°. 5. Nous sommes porté à croire que ces deux vaisseaux anglais n⁰ˢ. 5 et 6, sont des vaisseaux de 74 pris sur les Francais.

Le vaisseau anglais n°. 7 , dit petit 74, est 11,42 pieds plus court , et 1,18 pied moins large que notre n°. 5, et il porte 82 pièces d'artillerie ; il prend des caronades pour une partie de ses canons de gaillards, et pour établir ses 26 pièces il en place sur les passe-avants. Notre 74 monte 86 bouches à feu, compris les 4 caronades en bronze, qui pèsent 25 tonneaux de plus que les 82 du vaisseau anglais.

Le vaisseau anglais n°. 8, dit de 64, monte jusqu'à 72 pièces.

Le vaisseau dit de 50, n°. 9, en porte jusqu'à 68 , et le n°. 10, dit de 44, en a jusqu'à 60. Les Anglais ont renoncé depuis plus de dix ans à construire des vaisseaux de cette dernière espèce, qui ne servaient que pour l'escorte des convois, et ne pouvaient tenir en ligne.

La frégate anglaise n°. 11, dite de 38 canons, a, comme on le voit, 10,88 pieds de moins en longueur que la nôtre n°. 9, et est 0,83 plus étroite. Elles ont autant l'une que l'autre de canons en batterie, ce qui prouve que les sabords de la frégate anglaise sont plus rapprochés les uns des autres que dans la nôtre, et il en est ainsi dans tous leurs bâtimens.

Le règlement passe à cette frégate 46 bouches à feu; mais sur la liberté qu'ont les capitaines d'en prendre tant qu'ils veulent en supplément, il n'y a pas une de ces frégates qui n'ait 50 pièces en batterie, parmi lesquelles il y a 18 caronades de 32 , et en sus 2 petits canons en bronze , qu'ils tiennent toujours en poupe; ils s'en servent pour les signaux, et en cas de besoin pour les descentes. Ces deux petites pièces sont ordinairement du calibre de 2 à 4, et sont entretenues dans un état extraordinaire de propreté; on les fourbit tous les jours. Il y a aussi dans toutes les frégates une petite pièce, soit pierrier ou petite caronade, aussi en bronze ou en fer peint, placée sur la tête du cabestan. On l'appelle la pièce du capitaine.

Les Anglais arment aussi de même les frégates qu'ils ont prises sur nous, et lorsqu'elles sont percées de 15 sabords de chaque côté, ils leur font porter jusqu'à 54 bouches à feu. Nous craignons pourtant de leur en mettre plus de 44 en pièces d'artillerie, qui sont plus légères que celles des Anglais, quoique de plus fort calibre, ainsi que nous le prouverons ci-après. Les 52 pièces du n°. 11 anglais pèsent 9 tonneaux et demi de plus que les 44 du n°. 9 français.

La frégate anglaise n°. 12, qui est 2,28 pieds plus courte, et 0,16 pied seulement plus large que notre frégate n°. 10, porte, ainsi que la première, du 18 en batterie. Mais elle n'en a que 26 de ce calibre, qui cependant pèsent 5608 livres de plus que ceux de la frégate n°. 11, qui les a courts, et celle-ci en a de longs. Elle est désignée frégate de 36 canons dans le règlement, et portée à 44 bouches à feu. Les capitaines lui en font porter 48 en batterie, et presque toujours 50, lorsqu'ils peuvent se procurer de petites pièces en bronze pour mettre en poupe; ils y tiennent beaucoup, et c'est souvent leur propriété. L'artillerie de cette frégate pèse 10 tonneaux huit dixièmes de plus que celle de la frégate française n°. 9, qui est 13,28 pieds plus longue, et 1,84 pied plus large.

Les Anglais arment ainsi nos frégates de 12 qu'ils ont prises sur nous, avec cette seule différence, qu'ils leur mettent des canons de 18 courts.

Les personnes accoutumées à voir nos bâtimens porter si peu d'artillerie, en raison de leur grandeur, ne seront-elles pas étonnées de voir la frégate anglaise n°. 13, dite de 32 canons, ayant 27,77 pieds de moins en longueur, et 4,30 pieds de moins en largeur que notre frégate n°. 9, porter 26 canons de 18 anglais en batterie; elle est portée par le règlement à 38 bouches à feu; les capitaines lui en font porter jusqu'à 44, et plus ordinairement 42, parmi lesquelles il y a toujours 12 ou 14 caronades de 4. On ne fait cependant porter en France que 18 caronades de 24 et 2 canons de 12 à nos corvettes de 120 pieds, qui ne sont que 2,20 pieds plus étroites que cette frégate anglaise, dont l'artillerie n'est que de 9 tonneaux trente-trois centièmes plus légère que celle de notre n°. 9. Nous consommons du bois en pure perte, en faisant des bâtimens plus grands que leur artillerie ne le comporte.

Les petites frégates anglaises, n°. 14, auxquelles le règlement passe 34 bouches à feu, et les désigne par frégates de 28 canons, ont du 9 en batterie, et les capitaines leur font porter jusqu'à 38 pièces. Elles prennent souvent 24 caronades de 32 en place de leurs canons de 9, et 10 autres caronades de 24, avec 4 canons de 6 sur les gaillards. Cette frégate est pourtant 6,93 pieds plus courte, et seulement 0,54 pied plus large que notre n°. 13, et son artillerie pèse plus du double.

La corvette anglaise n°. 15, dite de 24 canons, et à qui le règlement passe 32 pièces d'artillerie, est 12,48 pieds plus courte, et 0,62 pied moins large que notre n°. 13; elle porte jusqu'à 34 bouches à feu, mais la plupart de ces corvettes ont 22 caronades de 32 en batterie, en place de leurs canons de 9, et sur leurs gaillards 10 caronades de 24 et 18 avec deux canons de 6. L'artillerie de ce bâtiment, suivant le règlement, pèse, à très-peu de chose près, le double de celle de la corvette française n°. 13.

Les corvettes anglaises n°. 16 et 17, dites de 20 et 18 canons, ont également, par le règlement, 26 bouches à feu, et on leur en fait porter 28. La première a du 9 en batterie, et la deuxième du 6; mais elles ont presque toujours, l'une 20 caronades et l'autre 18 de 32 en place, avec des caronades de 12 sur les gaillards. Ces corvettes sont pourtant plus courtes que notre n°. 13, de 18,66 et 16,78 pieds, avec 2,70 et 3,15 pieds moins larges. L'artillerie de l'une, d'après le règlement, est 14 tonneaux un quart, et celle de l'autre un demi-tonneau plus lourde que celle de notre bâtiment

Si nous comparons la corvette anglaise n°. 17 à notre n°. 14, nous verrons qu'elles sont à très-peu de chose près de même capacité, le n°. 17 n'étant que de 0,78 de pied plus courte, et 0,85 plus large que le n°. 14 français, et que l'artillerie de cette corvette anglaise pèse 3 tonneaux 152 liv. de plus que celle de la corvette française.

Les corvettes anglaises n°. 18 ne sont portées par le règlement qu'à 16 canons de 6 en batterie; cependant elles sont presque toujours armées de 16 caronades de 32, et de 8 de 12 sur les gaillards, en tout 24 bouches à feu. Avec cette dernière artillerie, elles doivent avoir de l'avantage sur nos corvettes n°. 14, quoiqu'elles soient 4,54 pieds plus courtes, et 0,54 pied plus étroites; tandis que nos bricks armés de caronades pourraient leur prêter côté. L'artillerie du n°. 18 est 2 tonneaux trois dixièmes plus pesante que celle du n°.14.

LA TABLE XXII contient la longueur des canons et caronades de tous calibres dont on fait usage sur les bâtimens de guerre français et anglais, le poids de chaque pièce et de chaque affût exprimé en livres et en poids du boulet de leur calibre; ce qui nous fait connaître les vraies différences qui existent dans l'artillerie des deux nations. Nous indiquons le poids du boulet anglais, et sa conversion en poids français.

C'est en établissant ces comparaisons que nous voyons que les canons anglais des calibres qui correspondent aux nôtres sont aussi longs, et qu'ils en ont dans chaque espèce une plus grande variété que nous en longueur et en pesanteur.

Jusqu'à ce jour, nos marins croient que notre artillerie est beaucoup plus lourde que celle des Anglais, et qu'elle lui est inférieure; ils peuvent se convaincre du contraire par cette table vingt-deuxième, et ils verront qu'il n'y a en effet que leur 32 qui l'emporte sur notre 36 par sa légèreté, et en contenant de matière moins de fois le poids de son boulet.

Nous établissons nos comparaisons comme suit :

Les différences du canon de 32 anglais (= 29,65 ℔ poids de marc) avec nos deux canons de 36 :

Sur celui d'ancienne fonte.—1665℔ et en poids de son boulet.—11,82 fois de matière.
Sur celui de nouvelle fonte.—1465   id.   — 6,27

Les différences de notre canon de 24 d'ancienne fonte, avec les deux longueurs du 24 anglais (= 22,24 ℔ poids de marc), sont :

Canon long anglais.   .   .   — 142 ℔ et en poids de son boulet.+11,82 fois de matière.
Id. court.   .   .   .   .   — 401   — 0,25

Les différences de notre canon français de nouvelle fonte, avec les deux longueurs du même calibre anglais, sont :

Canon de 24 anglais long..   +   156 ℔ et en poids de son boulet.+23,84 fois de matière.
Id. court.   .   .   .   .   — 103   +12,17

Mais les Anglais se servent habituellement sur tous leurs vaisseaux de ce canon long de 24, tandis que nous employons autant que possible le nôtre de nouvelle fonte, qui pèse en effet 156 ℔ de moins que le leur, avec un calibre plus fort de 1,76 ℔.

Les différences de notre ancienne fonte de 18, avec les 2 longueurs de 18 anglais (= 16,68 ℔ françaises), sont :

Canon anglais long. . . + 342 ℔ et en poids de son boulet.+38,77 fois de matière.
    Id. court. . . . . — 177   + 6,45

Les différences de celui de 18 français de nouvelle fonte avec les deux longueurs de 18 anglaises, sont :

Canon anglais long. . . + 462 ℔ et en poids de son boulet.+45,43 fois de matière.
    Id. court. . . . . — 57   +13,11

Ce canon long de 18, est celui dont les Anglais se servent le plus généralement sur leurs vaisseaux; nous employons le plus possible sur les nôtres celui de nouvelle fonte, qui pèse 462 ℔ de moins, et cependant notre boulet de 18 est 1,32 ℔ plus lourd que le 18 anglais.

Les différences de notre canon long de 12 avec les trois longueurs de ce calibre anglais (= 11,12 ℔ poids de marc), sont :

Canon français. . . . — 256 ℔ et en poids de son boulet.—44,16 fois de matière.
                         — 49   —25,49
                         + 211   + 2,16

Les différences de notre court de 12 avec les 3 longueurs du calibre anglais, sont :

Canon français. . . . — 508 ℔ et en poids de son boulet.—65,67 fois de matière.
                         — 301   —47,00
                         — 41   —23,67

Les différences de notre canon long de 8 avec le 9 anglais, (= 8 ½ ℔ poids de marc), sont :

Canon français.			
—	525 ℔ et en poids de son boulet.	—	54,88 fois de matière.
—	370	—	36,22
—	214	—	17,55
—	58	+	1,12

Notre court de 8 avec ces 4 longueurs de 9 anglais, a de différences :

Canon français.			
—	779 ℔ et en poids de son boulet.	—	82,13 fois de matière.
—	624	—	63,47
—	468	—	44,80
—	312	—	26,13

Les différences de notre seul canon de 6, avec les 4 longueurs de 6 anglais (= 5,56 ℔ p. de marc), sont :

Canon français.			
—	541 ℔ et en poids de son boulet.	—	119,67 fois de matière.
—	437	—	101,00
—	178	—	54,34
—	74	—	25,67

Ces comparaisons prouvent que tous nos canons ont de l'avantage sur ceux des Anglais, en pesant moins avec un calibre plus fort; ce qui ne doit plus être un motif pour donner moins d'artillerie à nos bâtimens que les Anglais en donnent aux leurs.

Mais les Anglais ont un avantage décidé sur nous pour les caronades; elles sont plus courtes que les nôtres, et il paraît qu'ils en ont calculé le poids sur 60 fois celui du boulet du calibre de la pièce, car toutes celles que nous avons vues étaient entre 58,33 et 62,22 fois le poids de leur boulet. Les nôtres pèsent 64 à 68,75 fois le poids du leur. Et c'est ainsi que nos caronades ont de différences avec celles anglaises :

Le 36 franç. avec le 32 ang.	+ 650 ℔ et en poids de son boulet.	+7,34 fois de matière.
Le 24 franç. avec le 24 ang.	+ 301	+8,09
Le 18 franç. avec le 18 ang.	+ 164	+4,46
Le 12 franç. avec le 12 ang.	+ 117	+5,68

Puisque l'expérience a prouvé que les caronades anglaises sont assez fortes, et ont résisté à toutes les épreuves qui en ont été faites, n'ayant de matière que 58 à 62 fois le poids du boulet de leur calibre, et que nous voyons par les comparaisons de nos canons que notre fonte est tout aussi bonne que la leur; nulle raison ne pourrait empêcher de réduire les nôtres à 60 fois le poids de leur boulet, en leur donnant une longueur proportionnée.

La table XXIII a été dressée pour faire connaître le poids et la longueur que nous désirerions donner à nos canons et caronades, dans l'état actuel de construction de nos bâtimens de guerre. Nous pensons cependant que, s'ils n'avaient que peu ou point de rentrée, tous les canons pourraient être réduits à la longueur de 16 ou 17 fois le calibre de la pièce, ce qui permettrait de réduire le poids à 190 ou 200 fois celui du boulet.

Nous avons vu l'artillerie du brick espagnol *le Cuerbo*, de 16 canons de 24, qui n'étaient pas plus longs que nos canons de 6, et n'avaient pas la culasse plus forte que ceux de 12. Ils portaient le boulet à une distance étonnante, avec une charge de poudre égale au sixième du poids du boulet. Nous croyons qu'ils étaient chambrés.

Mais ne conviendrait-il pas mieux encore d'imiter les Anglais, qui ont supprimé dans leurs vaisseaux leur calibre de 42, qui équivalait à 39 de nos livres, et les Hollandais,

Danois et Suédois, dont le plus fort calibre égale 30 et 29 de notre poids de marc. La différence de poids des canons de 36 à ceux de 30, et de leurs projectiles, serait remplacée par de l'eau et des vivres.

La table vingt-troisième indique aussi le poids que nous voudrions donner aux affûts de mer; quoiqu'ils aient été diminués depuis quelques années, il nous paraît qu'ils pourraient l'être encore. La suppression de la sole et d'une partie du volume des coins, suffirait peut-être pour obtenir toute la légèreté dont ils sont susceptibles, sans nuire à leur solidité.

D'après les renseignemens que nous donnons sur l'armement des bâtimens anglais, table vingtième; sur les dimensions et poids des canons, caronades et affûts, table vingt-deuxième, ainsi que sur ceux que nous croyons convenable de donner à notre artillerie, table vingt-troisième, nous pensons que nos bâtimens de guerre pourraient être armés comme suit :

Vaisseau à trois ponts, n°. 1.

32 canons de 36 pesant avec leurs affûts.	259200 livres.
34 canons de 24 pesant avec leurs affûts.	199920
34 canons de 18 pesant avec leurs affûts.	157590
8 canons de 12 pesant avec leurs affûts, sur le gaillard d'arrière.	27840
2 canons de 12 pesant avec leurs affûts, sur le gaillard d'avant.	6960
20 caronades de 36 pesant avec leurs affûts, sur le gaillard d'arrière, chambre de conseil et passe-avants. . . .	54720
2 canons de 36 pesant avec leurs affûts, sur le gaillard d'avant.	5472
Total. 132 bouches à feu, pesant ensemble avec leurs affûts. . .	711700 livres.
= 355 tonneaux. .	1702
Différence avec l'armement actuel. + 11 tonneaux. .	312

On pourrait encore placer 4 caronades de 24 sur la dunette, qui avec leurs affûts peseraient 7680 livres. Cela ferait monter l'artillerie à 136 bouches à feu, pesant :

	tonneaux	livres
. . . .	359	1382
Ce n'est de différence avec les 125 pièces du vaisseau anglais, n°. 1 , que. . . . . +	37	152
Et lorsqu'il arme 130 pièces. . . . . . . +	32	1152

Ce que comporte notre vaisseau par sa différence de grandeur avec celui anglais.

Quoiqu'il soit reconnu que les caronades soient avantageusement placées sur la dunette lorsqu'on est bord à bord avec l'ennemi, si l'on ne parvient pas à balayer ses gaillards dans les premières bordées, tous les hommes qui y sont de service restent plus exposés que partout ailleurs. Les Anglais en placent rarement dans cette partie du vaisseau. Il serait bon d'adopter leur manière, d'avoir une de ces pièces d'artillerie dans les hunes. Les vaisseaux les auraient de 18, les frégates de 12, et les grandes corvettes de 8. Un affût à coulisse sert pour les deux bords.

Si nos plus grands vaisseaux n'avaient que 185 ou 186 pieds de longueur, sur une largeur de 50 ou 50,50 pieds de largeur, dans le même rapport que les trois ponts anglais, et avec le même échantillon que ceux actuels de 196,50 pieds, ils seraient mieux liés, s'arqueraient moins, et pourraient porter la même artillerie; et s'ils avaient peu ou point de rentrée, ils seraient armés ainsi qu'il suit :

	livres
32 canons de 36 pesant avec leurs affûts.	259200
34 canons de 24 pesant avec leurs affûts.	199920
34 caronades de 36, pesant avec leurs affûts..	93024
32 caronades de 24, pesant avec leurs affûts..	61440
Total. 132 bouches à feu, pesant ensemble avec leurs affûts.. . .	613584 livres.
= 306 tonneaux..	1584
Différence avec l'armement précédent. . — 49	118
Différence avec les 125 pièces du vaisseau anglais n°. 1. . . . . — 15	1646

Notre vaisseau aurait en supplément, ainsi que tous les autres :

2 caronades de 18 pour la grande hune et celle de mizaine.
1 caronade de 12 pour la hune d'artimon.

Le vaisseau n°. 3 pourrait porter :

30 canons de 36 pesant avec leurs affûts.	243000 livres.
32 d°. de 24 d°.	188160
32 caronades de 36 d°.	87552
30 d°. de 18 d°.	54010
Total 124 bouches à feu d°.	572722
= 286 tonneaux. .	722 livres.
Différence avec les 125 pièces du vaisseau anglais, n°. 1. . . . . . . — 36	508

Le vaisseau espagnol *le Prince des Asturies*, qui n'avait que 175 pieds français, armait 126 bouches à feu, ayant des canons dans sa troisième batterie.

Vaisseau de 80, n°. 4, dans l'état actuel de construction :

30 canons de 36 pesant avec leurs affûts.	243000 livres.
32 d°. de 24 d°.	188160
8 d°. de 12 d°. sur le gaillard d'arrière.	27840
2 d°. de 12 d°. sur le gaillard d'avant.	6960
18 caronades de 36 d°. pour le gaillard d'arrière, chambre de conseil et passe-avants	49248
2 d°. de 36 d°. pour le gaillard d'avant.	5472
Total. 92 bouches à feu pesant avec leurs affûts.	520680
= 260 tonneaux.	680 livres.
Différence avec le vaisseau anglais n°. 3. . — 1	964
Id. n°. 4 . . + 1	538

Mais ces vaisseaux anglais; moins longs de 11 et 14 pieds, et moins larges de 1,39 et 2,33 pieds que notre n°. 4, ont encore de plus à leur désavantage l'accastillage de leur troisième batterie. Nous pourrions donc sans rien craindre placer encore 4 caronades de 24 sur la dunette, qui feraient monter l'artillerie à 96 pièces et à 264 tonneaux 360 lb.

Les vaisseaux de 80, *l'Indomptable*, *le Formidable*, et
l'Indivisible de Brest, également que *le Neptune* de Toulon, naviguent parfaitement avec une batterie à barbet, qui
leur faisait monter 98 bouches à feu, parmi lesquelles ils
n'avaient que 10 caronades de 36. *L'Indivisible* et *le Neptune* marchaient supérieurement. Pourquoi ne pas continuer
à tirer un aussi bon parti de ces bâtimens?

Si ces vaisseaux avaient moins de rentrée, ils pourraient
être armés de :

32 canons de 36 pesant avec leurs affûts.	259200 livres.
32 caronades de 36 d^to.	87552
30 d^to. de 24 d^to.	57600
4 d^to. de 18 d^to. en supplément pour la dunette.. . . .	5868
Total. 98 pièces d'artillerie, pesant avec leurs affûts.	410220 livres.
= 205 tonneaux. . .	220 livres.
Différence avec l'armement précédent. — 59	140
D^to. avec le vaisseau anglais n°. 3. . — 56	1424
D^to. d^to. n°. 4. . — 54	1922
D^to. d^to. n°. 5. . — 1	1574

Et certainement notre vaisseau serait mieux armé que
précédemment; car il est reconnu qu'à la distance du but
en blanc du boulet, une caronade de 36 fait beaucoup plus
de mal qu'un canon de 24: cette portée est à peu près de
trois encâblures et demie pour la caronade de ce calibre, et
de 3 encâblures un quart pour le canon de 24. D'ailleurs,
avec des équipages qui ne sont pas amarinés, il faut se battre
vergues à vergues; et c'est là l'avantage des caronades.

Vaisseau de 74 dans l'état actuel de construction.

Nous voyons, par l'armement des vaisseaux anglais, que
les nôtres de 74 sont susceptibles de porter plus d'artillerie
qu'on ne leur en donne. Ils sont tous percés, à la première
batterie, de 30 sabords, pourquoi ne pas leur mettre autant

de canons? Leur échantillon le permet, et les 2 canons de l'avant sont avantageusement placés, soit pour la chasse, ou lorsqu'on présente la joue à l'ennemi. Nous désirerions armer ces bâtimens comme suit :

3o canons de 36 pesant avec leurs affûts.	243ooo livres.
3o d^to. de 18 d	13go5o
8 d^to. de 8 d^to. pour le gaillard d'arrière.	2o16o
2 d^to. de 8 d^to. pour le gaillard d'avant.	5o4o
20 caronades de 36 d^to. pour les gaillards, passe-avants et chambre du conseil..	5472o
Total. 9o bouches à feu, pesant avec leurs affûts.	467o1o livres.
= 233 tonneaux. . .	1o1o
Différence avec le vaisseau anglais n°.3. — 28	634
D^to. d^to. n°.4. — 25	1132
D^to. d^to. n°.5. + 26	1216
D^to. d^to. n°.6. + 24	1814
D^to. d^to. n°.7. + 31	221

Si notre vaisseau n°. 5 avait moins de rentrée, il pourrait être armé de ,

3o canons de 36 pesant avec leurs affûts.	243ooo livres.
3o caronades de 36 d^to.	82o8o
3o d^to. de 24 d^to.	576oo
Total. 9o pièces d'artillerie pesant avec leurs affûts.	38268o liv.(1)
= 191 tonneaux. . .	68o
Différence avec l'armement précédent. — 42	33o
D^to. avec le vaisseau anglais n°. 5. . — 15	1114
D^to. d^to. n°. 6. . — 17	516
D^to. d^to. n°. 7. . — 11	1o9

---

(1) Sans nous être entendu avec les Anglais sur l'armement que nous proposons pour nos vaisseaux, nous avons eu la même pensée, car en septembre 1816 (et notre travail était terminé le 1er. juillet), les papiers nouvelles ont annoncé qu'ils avaient lancé à l'eau le vaisseau *le Héro*, de nouvelle construction, ayant, en mesures françaises, 165,o9 pieds de longueur, 44,56 pieds de largeur en dehors des bordages, et 19,7o pieds de creux dans la cale ; devant être armé de 28 canons de 32 dans la

La manière dont les frégates anglaises sont armées doit mériter l'attention du gouvernement, et le porter à prendre des mesures pour mettre les nôtres en état de les vaincre, dans le cas où nous serions forcés d'avoir la guerre. Dans leur état actuel de construction, celles de 142 à 146 pieds de longueur pourraient être armées de :

3o canons de 18 pesant avec leurs affûts.	13g95o livres.
6 dᵗᵉ. de 8 dᵗᵉ. sur le gaillard d'arrière, entre les haubans.	15120
2 dᵗᵒ. de 8 dᵗᵒ. sur le gaillard d'avant, dᵗᵒ.	5o4o
14 carouades de 36 dᵗᵒ. sur les gaillards et passe-avants. . .	38304
Total 52 pièces d'artillerie, pesant avec leurs affûts.	197514
= 98 tonneaux. . .	1514 livres.
Différence avec la frégate anglaise,	
nᵒ. 11. . . . . + 4	8
Dᵗᵉ. dᵗᵉ. nᵒ.12. + 2	14ı9

Si ces frégates avaient moins de rentrée, on les armerait de la manière suivante :

28 carouades de 36 pesant avec leurs affûts.	766o8 livres.
2 canons de 18 dᵗᵒ.	9270
22 carouades de 24 dᵗᵒ..	42200
Total 52 bouches à feu, pesant avec leurs affûts.	128118
= 64 tonneaux. . .	ı18 livres.
Différence avec l'armemᵗ. précédent. — 34	13g6
Différence avec la frégate anglaise,	
nᵒ. 11. . . . . — 3o	1388
Dᵗᵉ. dᵗᵉ. nᵒ. 12. — 31	1977

première batterie ; 28 carouades de 18 dans la deuxième ; 4 canons de 12, 10 carouades de 32 et 6 de 18 sur le gaillard d'arrière ; 2 canons de 12 et 2 carouades de 32 sur le gaillard d'avant, en tout 80 bouches à feu, et 5go hommes d'équipage, ce qui est 64 hommes de moins que précédemment. Nous observons que si le rédacteur du journal ne s'est pas trompé dans l'annonce de l'armement de ce bâtiment, qu'il ne le serait pas selon les lois de la stabilité, puisque sa deuxième batterie avec les affûts ne peseraient que 39144 ℔, et l'artillerie de ses gaillards, 60156 ℔. C'est 21012 ℔ en plus, et ce devrait être le contraire. Le poids de toute son artillerie n'est porté qu'à 142 tonneaux 1302 ℔.

et en armant notre frégate avec des caronades de la fonte actuelle,

Le poids des 52 pièces serait. . . . . = 72 tonneaux.   36 livres.

Différence avec l'armement proposé. . . + 7   1918

ce qui est toujours beaucoup moins que le poids actuel de leur artillerie. (1)

En considérant l'armement de la frégate anglaise n°. 13 de 118 pieds de longueur, portant du 18 en batterie et 42 bouches à feu. Celui de la frégate n°. 14 de 113 pieds, portant 38 pièces d'artillerie, et celui de la corvette n°. 15, de 107 pieds et demi, qui en porte 34 ; ne doit-on pas remarquer que la moitié de l'espace dans nos corvettes françaises, n°. 13, de 120 pieds de longueur, est perdu, et qu'elles pourraient porter au moins 34 bouches à feu dans leur état de construction actuelle, savoir :

22 caronades de 36 pesant avec leurs affûts.	60192 livres.
12 d°. de 12 d°. pour les gaillards.	11952
Total. 34 pièces, pesant avec leurs affûts.	72144
= 36 tonneaux. . . .	144 livres.
Différence avec le n°. 13 anglais. . — 39	1717
D°. d°. n°. 14.. — 12	556
D°. d°. n°. 15.. — 5	1172

En faisant quelques petits changemens dans l'accastillage de ces corvettes, dont les fonds sont de toute beauté, elles seraient susceptibles de porter 38 caronades, et auraient :

26 caronades de 36 en batterie, pesant avec leurs affûts. . .	71136 livres.
12 d°. de 12 sur les gaillards d°.	11952
Total 38 bouches à feu, pesant avec leurs affûts.	83088

(1) Nous observons que les sabords pour caronades de 36 ne doivent point avoir plus de 3,25 de largeur, ni plus de 2,67 de hauteur dans l'ouverture.

	= 4¹ tonneaux.	. . .	1088 livres.
Différence avec le n₀. 13 anglais. —	34		773
Dᵗᵒ.	n°. 14	— 6	1612
Dᵗᵒ.	n°. 15	— 0	228

Lorsque l'on construira de semblables corvettes, il serait très-convenable de baisser un peu les gaillards, dont l'élévation est de 6 pieds de planche en planche; elle pourrait être réduite à 5,67 pieds, et la batterie serait encore très-belle; on pourrait encore réduire l'intervalle entre les ponts, en élevant celui de la batterie de 3 à 4 pouces, et faire monter le fort d'autant; ce qui donnerait plus de creux, plus de hauteur de batterie, et conviendrait mieux, puisque nous avons vu précédemment par les devis, que ces bâtimens n'ont jamais mieux marché, ni mieux porté la voile, que quand ils ont calé en grand 5 à 6 pouces de plus qu'il ne leur était assigné par les ingénieurs, ce qui diminuait la hauteur de leur batterie de cette quantité.

Les corvettes françaises n°. 14, dans leur état de construction actuelle, pourraient porter :

20 caronades de 24 pesant avec leurs affûts.	. . . . .	38400 livres.
	= 19 tonneaux.	400
Différence avec leur batterie de 20 canons de 6 . —	0	1600 livres.
Dᵗᵒ. avec la corvette anglaise n°. 16. . . —	17	1243
Dᵗᵒ. dᵗᵒ. n°. 17. . . —	3	1752
Dᵗᵒ. dᵗᵒ. n°. 18. . —	3	184

Mais ces corvettes à coffre sont incommodes pour les équipages, et sujettes dans les gros tems à recevoir des coups de mer qui leur causent de grandes avaries, et peuvent même les engloutir, comme on en a plusieurs exemples : elles sont susceptibles d'éprouver des changemens dans leur accastillage, sans rien changer à leur fond, qui est superbe; leur creux plus grand de 1,17 pieds que leur demi-largeur, et leurs façons hautes, permet de leur établir des gaillards et passe-avants, qui auraient 5,50 ou 5,63 pieds de planche en planche, telles que sont toutes les corvettes anglaises. Elles pourraient alors porter,

22 caronades de 24 en batterie, pesant avec leurs affûts.. .	42240 livres.	
10 d⁰. de 12 sur les gaillards, d⁰.	9960	
Total 32 bouches à feu, pesant avec leurs affûts.	52200	
= 26 tonneaux. . .	200 livres.	
Différence avec l'armement précédent. + 6	1800	
D⁰. avec la corvette anglaise n°. 16.. — 10	1443	
D⁰. d⁰. n°. 17.. + 3	48	
D⁰. d⁰. n°. 18.. + 3	1616	

On se rappellera que ces trois corvettes anglaises sont plus courtes que notre n°. 14.

Nos bricks de 90 pieds de longueur pourraient porter,

10 caronades de 36 dans leur milieu, pesant avec leurs affûts.	27360 livres.
8 d⁰. de 24 aux extrémités, d⁰.	15360
Total 18 pièces pesant avec leurs affûts.	42720
= 21 tonneaux.	720

Mais ils pourraient avoir 10 caronades de 24, et leurs 20 caronades de 36 et 24 en batterie ne peseraient avec les affûts que. . . . . 46560 livres.
= 23 tonneaux.. 560

Les petits bricks anglais portent au moins,

18 caronades de 32 pesant avec les affûts. = 21 tonneaux. 138 livres.

Leurs grands bricks en montent,

22 de même calibre. . . . . = 26 d⁰. 460

En 1790 et après, le brick *le Duc de Chartres*, aussi de 90 pieds, portait 14 canons de 8 et 4 de 12, pesant avec leurs affûts. . . . . 52308 livres.
= 26 tonneaux. 308

avec lesquels il marchait très-bien, d'où l'on peut conclure que nos bricks actuels, de mêmes dimensions, navigueraient parfaitement avec 20 caronades de 36 et 24, qui ne pèsent que 23 tonneaux 560 livres. Ils seraient alors en état de se mesurer avec les grands bricks anglais, portant 22 caronades de 32.

Nous observons que ce serait un grand avantage pour tous nos bâtimens de guerre, et surtout pour nos frégates, de porter des pièces d'artillerie sur les passe-avants, afin de les charger au milieu, pour soulager d'autant leurs extrémités, et particulièrement l'avant, déjà écrasé dans ses hauts par le poids des ancres; cela contribuerait à les empêcher de s'arquer aussi promptement. Depuis long-temps les Anglais les placent là sur leurs petits vaisseaux, et les Américains arment ainsi leurs frégates, auxquelles ils font porter 54 bouches à feu. Les frégates *le Président*, *la Constitution*, etc. sont ainsi armées, et plusieurs ont du 24 en batterie. Les Anglais, pour les combattre, avaient fait armer de même plusieurs frégates. Puisque l'expérience nous prouve la bonté de cette méthode, autant pour les combats que pour la conservation des bâtimens et leurs bonnes qualités à la mer, pourquoi ne pas l'adopter? Car on ne peut se dissimuler que, tant que nos vaisseaux et frégates ne seront pas mieux armés ni mieux équipés qu'ils ne le sont, ce sera consommer de beaux morceaux de bois sans pouvoir rivaliser avec les autres nations maritimes, surtout avec les Anglais, qui ont la bonne habitude de soumettre de suite à l'expérience les propositions de leurs officiers, et d'adopter tout ce qu'ils voient de bien chez les autres, même chez leurs ennemis. Ils ne tendent qu'à la perfection de leur marine, et ils en approchent tous les jours.

En considérant la pesanteur des dunettes de nos vaisseaux, qui, indépendamment de leur élévation, ont beaucoup plus de poids dans leur tranche-arrière que de déplacement; et voyant que ce défaut d'équilibre tend surtout à faire arquer le bâtiment, nous proposons de les supprimer dans nos vaisseaux à trois ponts, qui, ayant deux grandes chambres, pourraient être emménagés de manière à ce que l'officier général, le capitaine et tous les officiers, soient logés tout aussi commodément que des hommes de guerre peuvent le désirer. Ces vaisseaux n'auraient plus de rabattues, et l'élévation des œuvres mortes serait terminée par la lisse du plat-bord. Leurs vibords seraient prolongés depuis les cornières jusqu'au cottis, à la hauteur de quatre pieds et demi plus ou moins, et on établirait de bout en bout sur le plat-bord des chandeliers de bastingages de hauteur ordinaire.

La première chambre aurait un clairvoir et des verres demi-lenticulaires sur le gaillard pour l'éclairer.

Il résulterait de cette installation que nos trois ponts auraient quatre batteries complètes avec la même artillerie que nous avons proposée pag. 61 à 63 : joint à ce qu'ils n'auraient plus cet enhuchement qui les porte toujours à venir au vent, et les empêche souvent d'obéir à leur gouvernail, pour arriver dans un moment pressant ; leurs manœuvres de l'arrière se feraient avec beaucoup plus de facilité.

Quoique la dunette soit aussi désavantageuse aux vaisseaux de 80 et de 74 qu'elle l'est aux trois ponts, nous ne la leur supprimerions pas, parce qu'elle est d'une nécessité absolue pour le logement de l'officier général que ces bâtimens sont susceptibles d'avoir, et qu'ils n'ont pas deux grandes chambres comme les trois ponts ; mais nous désirerions que les emménagemens fussent pratiqués sous cette dunette au milieu de la largeur, et laissassent tribord et bâbord deux courroirs par lesquels on entrerait dans la chambre de conseil, et assez larges pour y placer et manœuvrer commodément les caronades, qui, avec celles de cette chambre, compléteraient

la troisième batterie, telle qu'il est mentionné pages 63 à 65.
Les emménagemens seraient éclairés par en haut.

De même qu'aux vaisseaux à trois ponts, nous trouvons
convenable d'élever le vibord des vaisseaux de 80 et de 74
à quatre pieds et demi de hauteur plus ou moins, et de les
prolonger depuis la rabattue de la dunette jusqu'au cottis; il
serait même nécessaire qu'ils le fussent jusqu'aux apôtres,
ou qu'au moins le fronteau d'avant fût construit de manière
à pouvoir être fortement bastingué, afin de mettre les
hommes du gaillard d'avant plus à l'abri de la mitraille,
dans les enfilades que l'on peut recevoir de l'avant, et dont
rien ne les garantit dans la construction actuelle. Les Anglais
prennent beaucoup plus de soins que nous pour bien bas-
tinguer leurs bâtimens, pour se préserver le plus possible
des effets de la petite mitraille et des balles de fusils: cela
leur réussit.

Ce qui rendrait nos bâtimens beaucoup plus battans ou
plus spacieux qu'ils ne le sont, et ce qui contribuerait à augmenter leur stabilité et leurs bonnes qualités à la mer, c'est
la suppression de la trop grande rentrée; nous ne désirerions
pourtant pas qu'on y renonçât entièrement; nous voudrions
qu'elle ne fût que de 2 pieds et demi de chaque bord dans
les trois ponts, à la hauteur de la lisse du plat-bord (dans la
construction actuelle), pour qu'en réduisant les porte-haubans à cette largeur de deux pieds et demi, ou très-peu plus
sans diminuer de leur épaisseur, ils ne soient point brisés
au moindre choc dans les abordages.

Ce sont les Anglais qui, dans les temps où ils ne pouvaient résister aux abordages des Français, furent les premiers à donner de la rentrée à leurs bâtimens. Comme on
s'imagina que cela donnait de la grâce aux navires, les cons-
tructeurs qui ne naviguaient point pour en observer les

qualités, ont cru perfectionner l'architecture navale en donnant toujours de plus en plus de la rentrée, et cela est au
point, que des vaisseaux de 74 et même de 80 ont moins de
largeur dans leur deuxième batterie, et les vaisseaux à trois
ponts dans leur troisième, que les frégates de 18 dans la
leur; ce qui, mettant au moins douze pieds de distance
entre deux vaisseaux bord à bord, joint à l'inclinaison que
donne la voilure, ne permet plus de tenter les abordages, et
soustrait aux Français une manière si avantageuse pour eux
de combattre. Les partisans de la rentrée (et ce ne sont pas
les marins qui ont une longue expérience) disent qu'elle
abaisse le métacentre, qu'elle rapproche l'artillerie de l'axe
de la longueur, qu'elle contribue à empêcher la bricole, et
qu'elle fait soustraire une grande quantité de bois des hauts
du navire; mais ils ne comptent pour rien la différence du poids des canons longs que les bâtimens portent
actuellement, avec celui des canons courts ou des caronades
qu'ils porteraient en batterie, s'ils n'avaient que peu ou point
de rentrée; l'incommodité d'avoir de très-larges porte-haubans, que l'on est forcé de conserver ainsi pour empâter les
haubans, afin qu'ils puissent un peu mieux contribuer à
soutenir notre haute mâture, et enfin l'incommodité de ne
pouvoir pas bien agir pendant les combats, ni lors des tra-
vaux, dans les batteries hautes. L'expérience nous prouve
journellement que les bâtimens qui ont les flancs verticaux,
ou même convergens par en-bas, sont ceux qui se comportent le mieux à la mer, quoique cette construction tende à
faire monter le métacentre. Dans les mauvais temps, tous
nos bâtimens, et surtout les frégates, se comportent mieux
les canons aux sabords (soit avec de faux sabords ou des
sabords brisés), qu'étant à la serre ou halés à bouts de bra-

gue; ce qui est bien en défaveur du système de rapprocher les batteries de l'axe de la longueur.

Les Anglais ne donnent plus que très-peu ou même point de rentrée à toutes leurs espèces de bâtimens de guerre, qui par cette raison sont beaucoup plus spacieux ou battans que les nôtres, à rang égal, quoique construits sur de plus petites dimensions. En supprimant cette rentrée, au moins en grande partie, nous aurions l'avantage sur eux, puisque nos vaisseaux sont plus grands que les leurs, et en tenant les passe-avants un peu larges, les caronades à brague fixe n'y gêneraient nullement pour la communication de l'avant à l'arrière, et on pourrait en établir sur les gaillards entre les haubans, sans courir aucun risque d'incendie. Nos navires seraient plus convenables pour tenter les abordages, qui autrefois réussissaient si bien à notre nation quand elle avait des bâtimens propres à ce genre de combat.

Toutes les nations qui ont des ports dans la Méditerranée construisent encore leurs chébecs, galères, pinques, tartanes et felouques, avec les côtés convergens par en-bas, et toutes ces espèces de navires naviguaient très-bien, étant mâtés avec des mâts à pibles et même avec des mâts partiaux à hunes et voiles carrées; nous avons vu à Carthagène plusieurs chébecs, de 40 canons ainsi mâtés, et l'ancien *Spartiate* de Toulon avait une marche supérieure, quoique ses deux batteries l'en-huchassent un peu.

La construction de nos frégates et grandes corvettes ne mérite pas moins l'attention que celle de nos vaisseaux. Si, à l'imitation des Américains, leurs vibords étaient élevés à la hauteur des seuillets de sabords des canons de 6 ou de 8 dans toute leur longueur, en laissant monter les allonges jusqu'à 4 ou 4 $\frac{1}{2}$ pieds d'élévation, et distribuées de manière à faire autant de sabords que dans la batterie, laissant entre celle-ci une ou deux autres allonges, et appliquant sur leur tête un bon plat-bord, qui pourrait contribuer à lier ces bâtimens, on établirait par-dessus des chandeliers de bastingage de hauteur ordinaire, et l'intervalle entre les sabords serait blindé ou bastingué avec un filain de 2 pouces et demi à 3 pouces, tournant autour des allonges, et dont le vide serait rempli par du liége. On placerait au milieu les pièces d'artillerie que nous leur assignons pour les extrémités des gaillards, et on n'en tiendrait que deux sur celui d'avant. Ainsi, ces bâtimens légers se trouveraient soulagés des poids qui tendent le plus à les faire arquer. Lorsque, dans les constructions futures, on ne donnerait que peu ou point de rentrée, on établirait des caronades en place des canons entre les haubans sur les gaillards.

On a remarqué l'utilité qu'il y a de tenir le vibord prolongé d'une certaine hauteur jusqu'aux apôtres, pour préserver davantage les gens du gaillard d'avant de la mitraille dans les enfilades. Les autres nations sont revenues à cette construction, quoiqu'elle pèse un peu plus sur l'avant; c'est peut-être par cette raison qu'ils chargent moins d'artillerie le gaillard d'avant, et qu'ils donnent beaucoup moins d'élancement que nous à leur guibre. Ils donnent aussi moins de quête, pour soulager d'autant l'extrémité de l'arrière, et pour se servir avec plus d'avantage de leurs canons de retraite.

Nous saisissons encore cette occasion de parler des bâtimens de guerre étrangers, et surtout des espagnols et des anglais, pour faire observer qu'ils sont bien plus prompts que nous dans leurs évolutions. Cela provient de deux causes, d'abord de ce que l'ensemble de leurs vaisseaux et frégates étant plus court que les nôtres, le temps employé à faire les mêmes évolutions est en raison de leur longueur, et qu'en second lieu leur gouvernail ayant plus de surface que le nôtre, proportion gardée entre les bâtimens, leur mouvement de rotation est accéléré dans un plus grand rapport.

Depuis long-temps on a remarqué en France la nécessité de proportionner la largeur du gouvernail à la longueur du bâtiment; mais on a continué à le proportionner au bau, quoique la longueur ait été augmentée en raison de la largeur. Nous avons fait des épreuves, qui nous ont convaincu que la surface du gouvernail doit être augmentée depuis le bas jusqu'à la hauteur des façons, et qu'elle peut être diminuée de là à la flottaison. Dans nos observations, il nous a toujours paru qu'un gouvernail large à la surface de l'eau et au-dessus était plus nuisible à la marche, par sa résistance, qu'utile pour accélérer les mouvemens. Il serait aussi très-bon d'admettre la méthode des Américains, de faire cylindrique la partie supérieure de la mèche du gouvernail; elle nécessite un étambraie moins grand que la carrée, et par conséquent la voûte moins saillante.

Nous ne donnons aucun détail sur les bâtimens des autres nations maritimes, parce qu'elles copient les Anglais en tout ce qu'ils font de bien. Nous dirons cependant qu'aucune nation n'a encore imité l'installation des hunes en deux parties, tribord et bâbord, et sûrement parce que ce sont les Portugais qui en sont les inventeurs. Cela offre de grands avantages lorsque, dans un démâtage de mâts de hunes, un des côtés a été fracassé, tel qu'il arrive presque toujours; il n'y a pas nécessité de décapeler la hune pour la réparer, le côté seul avarié est envoyé à bas pendant qu'on présente et qu'on capelle le nouveau mât; on pourrait même le mettre en clef. Un officier supérieur de notre marine nous a pourtant dit qu'étant prisonnier à bord d'un vaisseau anglais, il avait vu se hunes fabriquées telles que nous le citons, en deux parties. Ils auraient donc commencé à adopter cet usage, nous devrions l'adopter aussi.

La table XXIV contient les dimensions actuelles de nos affûts de mer et de ceux des Anglais : on verra qu'elles diffèrent peu les unes des autres ; les Anglais tiennent cependant leurs flasques un peu plus longues que nous, et leurs roues d'avant un peu plus larges que celles de l'arrière. Nous les avons égales devant et derrière, mais leurs affûts n'ont point de sôle. Elle pèse, dans nos affûts de 36, autant qu'un pied cube de bois. Nous pensons que, si on la supprimait et si l'on diminuait le volume des coussins, coussinets et coins de mire, nos affûts auraient atteint le degré de légèreté dont ils sont susceptibles, sans nuire à leur solidité.

Il nous a paru que l'usage des Anglais, de faire passer la brague du canon par-dessus le bouton de culasse, après avoir passé dans des boucles fixées aux flasques, est préférable au nôtre de le faire passer par-dedans. Leur manière empêche le canon de cabrioler autant, et de tomber moins sur sa volée que ne le fait le nôtre, lorsqu'il est échauffé. Cela ne flatte pas autant la vue que notre méthode dans la belle tenue des batteries ; mais il faut préférer en toutes choses l'utile à l'agréable lorsqu'on ne peut pas réunir les deux ensemble, et il serait très-convenable d'adopter cet usage des Anglais, au moins en temps de guerre.

La table XXV contient les principales dimensions des ancres dont on fait usage, dans la marine française, d'après le Traité de la fabrique des ancres, de Réaumur. Nous y avons joint les dimensions des ancres dont les Anglais font usage sur leurs bâtimens de guerre. Ils en donnent les prix dans leur table ; mais comme ces prix sont variables, nous les avons négligés.

En comparant ces dimensions, nous ne voyons d'autres

différences, sinon qu'à poids égaux nos ancres ont la verge plus courte que celle des ancres anglaises, ce qui est à notre avantage, au moins pour les tenir en mouillage aux bossoirs et pour les placer à bord. Celles des Anglais ont les pattes plus épaisses, probablement pour leur donner plus de pesanteur dans cette partie; les nôtres sont plus fortes au collet. (1)

La table XXVI contient les dimensions des poulies anglaises, dont l'usage est le plus fréquent dans leurs bâtimens, et la circonférence du cordage qui leur convient. Elle fait aussi connaître les dimensions des poulies françaises, et la grosseur du cordage qui leur convient, suivant l'usage du port de Brest.

Mais M. Hubert, ingénieur de la marine au port de Rochefort, inventeur de plusieurs belles mécaniques, et particulièrement de celles pour la fabrication de toutes espèces de poulies et de tout ce qui en dépend, en a réglé les dimensions d'une manière invariable et préférable à toute autre, ainsi qu'il suit :

Poulies simples ordinaires en usage à Rochefort.

		Le diamètre du cordage étant pris pour unité :	La largeur des poulies étant prise pour unité donne les rapports suivans :
Longueur.	Totale.	= $6,\frac{2}{3}$ diamètres du cordage.	= $0,\frac{1}{4}$ largeur.
	du talon supérieur.	= $0,\frac{2}{3}$ dito.	= $0,\frac{2}{15}$
	du talon inférieur.	= 1,0 dito.	= $0,\frac{1}{5}$
	de la mortaise.	= 5,0 dito.	= 1,0 unité.
Largeur.	largeur.	= 5,0 dito.	= 1,0
Epaisseur.	totale.	= $3,\frac{1}{3}$ dito.	= $0,\frac{2}{3}$ largeur.
	de chaque joue.	= $1,\frac{1}{9}$ dito.	= $0,\frac{2}{9}$
	de chaque mortaise.	= $1,\frac{1}{9}$ dito.	= $0,\frac{2}{9}$
Goujures.	largeur de la simple.	= $1,\frac{1}{9}$ dito.	= $0,\frac{2}{9}$
	dito des doubles.	= $0,\frac{1}{6}$ dito.	= $0,\frac{1}{6}$
	distance des deux goujures.	= $0,\frac{1}{5}$ dito.	= $0,\frac{1}{25}$
	profondeur au talon inférieur.	= $0,\frac{1}{5}$ dito.	= $0,\frac{1}{25}$

(1) Les ancres espagnoles sont encore plus courtes que les nôtres.

Suite des poulies simples ordinaires, en usage à Rochefort.

Le diamètre du cordage étant pris pour unité :   La largeur des poulies étant prise pour unité, donne les rapports suivans :

Rouets.
- diamètre. . . . . = 3,$\frac{1}{4}$ dito. . . . . = 0,$\frac{1}{4}$ largeur.
- épaisseur. . . . . = 1,0 dito. . . . . = 0,$\frac{1}{5}$
- profondeur de la goujure. . . = 0,$\frac{1}{5}$ dito. . . . . = 0,$\frac{1}{10}$

Essieux.
- diamètre de l'essieu en bois. . = 0,$\frac{1}{3}$ dito. . . . . = 0,$\frac{1}{8}$
- dito   dito   en fer. . . . . = 0,$\frac{1}{4}$ dito. . . . . = 0,$\frac{1}{15}$

Poulies simples plates.

Longueur.
- totale. . . . . =10,$\frac{1}{3}$ diamètres du cordage. = 1,$\frac{1}{27}$ largeur.
- du talon supérieur. . . . . . = 0,$\frac{2}{3}$ dito. . . . . = 0,$\frac{2}{27}$
- du talon inférieur.. . . . . . . = 1,0 dito. . . . . = 0,$\frac{1}{9}$
- de la mortaise. . . . . . . = 9,0 dito. . . . . = 1,0

Largeur.
- largeur. . . . . = 9,0 dito. . . . . = 1,0

Epaisseur.
- totale. . . . . = 3,$\frac{1}{5}$ dito. . . . . = 0,$\frac{10}{27}$
- de chaque joue. . . . . . = 1,$\frac{1}{9}$ dito. . . . . = 0,$\frac{10}{81}$
- de la mortaise. . . . . . . = 1,$\frac{1}{9}$ dito. . . . . = 0,$\frac{10}{81}$

Goujures.
- largeur de la simple. . . . . = 1,$\frac{1}{6}$ dito. . . . . = 0,$\frac{10}{81}$
- dito des doubles. . . . . . . = 0,$\frac{2}{3}$ dito. . . . . = 0,$\frac{1}{14}$
- distance des deux goujures.. . = 0,$\frac{1}{3}$ dito. . . . . = 0,$\frac{1}{14}$
- profondeur au talon inférieur. = 0,$\frac{5}{8}$ dito. . . . . = 0,$\frac{1}{27}$

Rouets.
- diamètre. . . . . = 7,$\frac{1}{4}$ dito. . . . . = 0,$\frac{11}{36}$
- épaisseur. . . . . = 1,0 dito. . . . . = 0,$\frac{1}{8}$
- profondeur de la gorge. . . . = 0,$\frac{1}{6}$ dito. . . . . = 0,$\frac{1}{14}$

Proportions des poulies de caliornes à deux rouets, la largeur des poulies étant prise pour unité :

Longueur.
- totale. . . . . = 1,$\frac{1}{4}$ largeur
- du talon supérieur. . . . . = 0,$\frac{2}{3}$
- du talon inférieur. . . . . = 0,$\frac{1}{3}$
- des mortaises. . . . . = 1,0 unité.

Largeur.
- largeur. . . . . = 1,0

Epaisseur.
- totale. . . . . = 0,$\frac{7}{8}$ largeur.
- de chaque joue. . . . . = 0,$\frac{1}{6}$
- des mortaises. . . . . = 0,$\frac{1}{3}$
- de la cloison. . . . . = 0,$\frac{1}{5}$

Goujures.
- largeur de la goujure simple. . . . . = 0,$\frac{3}{8}$
- dito de la goujure double. . . . . = 0,$\frac{1}{8}$
- distance des deux goujures. . . . . = 0,$\frac{1}{15}$
- profondeur de la goujure du talon inférieur.. . . . . = 0,$\frac{1}{15}$

Suite des proportions des poulies de caliornes à deux rouets, la largeur des poulies étant prises pour unité :

Rouets.
$\begin{cases} \text{diamètre.} \dots\dots\dots\dots\dots\dots\dots\dots = 0,\frac{11}{10} \\ \text{épaisseur.} \dots\dots - \text{au diamètre du cordage.} \dots = 0,\frac{1}{20} \\ \text{profondeur de la gorge.} \dots\dots\dots\dots\dots = 0,\frac{1}{40} \end{cases}$

Essieux.
$\begin{cases} \text{diamètre de l'essieux en bois.} \dots\dots\dots = 0,\frac{1}{6} \\ \text{dito} \qquad \text{dito} \qquad \text{en fer.} \dots\dots\dots = 0,\frac{1}{10} \end{cases}$

Proportions des dez en cuivre pour les rouets de poulies.

Diamètre du trou. . . . . = aux $\frac{1}{4}$ de l'épaisseur de la poulie.
Diamètre de chacune des oreilles. . . . . . = aux $\frac{1}{4}$ de l'épaisseur de la poulie.
Epaisseur du cuivre portant sur l'essieu. . . . = au $\frac{1}{5}$ du diamètre du trou de l'essieu.
Diamètre du cercle de recouvrement. . . . . = 2 fois le diamètre du trou de l'essieu.
Dito du cercle des centres des oreilles. . . . . = 2 $\frac{1}{4}$ fois le diamètre du trou de l'essieu.
Epaisseur des oreilles et du cercle de recou-
vrement. . . . . = à $\frac{1}{4}$ du diamètre du trou de l'essieu.

Il fut remis par M. Hubert aux fonderies du port de Rochefort, le 16 novembre 1811, trois séries de modèles de dez, d'après les proportions ci-dessus, depuis le n. 1 jusques et compris le n. 11. Le n. 1 est pour un rouet de 10 lignes d'épaisseur, et les autres sont pour les rouets de 12, 14, 16 lignes, etc., jusqu'au rouet de 30 lignes, qui est le n. 11.

La table XXVII a été construite pour faciliter la conversion des parties décimales de pouce ou de pied, que nous avons employées dans nos calculs en parties de pouces, de lignes et de points, et en parties du mètre, en considérant que 1 pied = 3248394 de mètre. Ainsi, si l'on a des décimales de pouce à réduire en lignes, en points et en millimètres, le nombre des décimales dans la colonne à gauche, dans chaque case, indiquera dans celles à droite les lignes, points et millimètres qui leur correspondent; et si l'on a des décimales de pied à convertir, la colonne de gauche indiquera dans celles à droite les pouces, lignes et millimètres correspondans.

La table XXVIII a été construite pour la conversion des décimales de livre, que nous avons employées en onces, gros et grains, poids de marc, et en grammes, également que celles des livres en kilogrammes.

Table XXIX. — Après avoir composé les 28 tables précédentes, nous avons vu dans un ouvrage de M. Delambre, que la commission avait fixé la longueur du mètre à 443,295936 lignes = 36,941328 pouces du pied de roi = 39,382700 pouces du pied anglais ; ce qui donne le rapport de 1440 pieds anglais = 1350,732970 pieds français, au lieu de 1440=1351,2 que nous avons employé ; cela nous a engagé à calculer la table vingt-neuvième pour la conversion des pieds anglais en pieds français, suivant ces deux rapports, afin de pouvoir rectifier les petites différences que donnent les tables, lorsque l'on voudra obtenir une scrupuleuse exactitude, l'erreur n'étant que de 0,0324 pour 100 pieds anglais. Nous avons appliqué à cette rectification les rapports avec le mètre.

Table XXX. — Ayant aussi remarqué que M. de Lacroix donne le rapport de la livre anglaise avoir du poids = 453,1 grammes = 8530,630 grains, poids de marc, et 100 livres avoir du poids = 92,583861 poids de marc, au lieu de 92,653 que nous avons employé, nous avons construit la table trentième d'après ces deux rapports, afin de rectifier les petites différences qui existent dans nos tables, lorsque l'on voudra avoir une grande exactitude, et considérant ce nouveau rapport exact, nous y avons appliqué les parties de kilogramme correspondantes.

Ayant consulté les états d'armement et de rechange et surtout ceux des manœuvres de tous les bâtimens de roi, nous avons remarqué des objets défectueux pour les usages auxquels on les emploie, d'autres inutiles: il s'ensuit une consommation onéreuse et préjudiciable au bien du service. Nous avons entrepris de rectifier ces erreurs en nous établissant sur des bases irrécusables, et écartant les préjugés matelotiques, nous nous en rapporterons au jugement du manœuvrier et du calculateur; nous ferons connaître par notre prochain travail les grandes économies que le gouvernement peut faire dans l'armement de ses bâtimens, en perfectionnant leur installation. Nous nous ferons un devoir de communiquer les connaissances que nous avons acquises chez les étrangers, pendant quatorze ans que nous les avons fréquentés comme marin et constructeur.

Rochefort, le 1er. juillet 1816.

APPENDICE.

Après avoir terminé notre travail, nous avons reçu d'Angleterre le nouveau Traité de la mâture, publié à Londres, dans le courant de 1816, par MM. Steel et Goddard.

Cet ouvrage confirme l'exactitude des proportions de la mâture des bâtimens de guerre anglais de tous rangs, que nous donnons, table troisième, et leurs rapports à la grande largeur en dehors des bordages, table cinquième; il n'y a que le gui à qui nous n'avons pas donné assez de longueur. Pour les bâtimens au-dessous de 50 canons, il est égal en longueur à la vergue du grand hunier.

Dans ce nouveau Traité de l'art de faire les mâts, les mêmes longueurs des mâts et vergues que nous donnons pour les mêmes bâtimens, sont mises en rapport les unes avec les autres, comme suit :

La longueur du grand mât. . . . . = la moitié de la longueur du premier pont. + La moitié de la largeur du bâtiment en dehors des bordages.

Le mât de misaine. . . . . . . = 0,889 de la longueur du grand mât.

Le mât d'artimon,

Pour les vais. de 100 can. et au-dessus. = 0,875 de id.
Pour les vaisseaux de 50 à 90 canons. = 0,857 de id.
Pour les bâtimens de 20 à 44 canons.. = 0,833 de id.
Pour les petites corvettes (sloops). . = 0,750 de id.

Quand le mât d'artimon repose sur le premier pont, le creux de la cale doit être soustrait de sa longueur, mais cette méthode n'est pas généralement pratiquée dans les vaisseaux anglais.

Le mât de beaupré,

Pour les vaisseaux de 80 à 100 canons. = 0,636 de la longueur du grand mât.
Pour les vaisseaux de 74 et au-dessous. = 0,600 de id.
Le grand mât de hune. . . . . = 0,600 de id.
Le petit mât de hune. . . . . . = 0,889 de la long. du gr. mât de hune.

Le mât du perroquet de fougue,

Pour les vais., frég. et grandes corv.	=	0,750 de la longueur du mât de hune.
Pour les petites corvettes (sloops).	=	0,714 de id.
Les trois perroquets jusqu'au capelage.	=	0,50 de la long. de leur mât de hune.

La grande vergue,

Pour les vaisseaux de 80 à 100 canons.	=	0,875 de la longueur du grand mât.
Pour tous les autres bâtimens.	=	0,889 de id.
La vergue de misaine.	=	0,875 de la long. de la gr. vergue.
La vergue d'artimon.	=	0,857 de id.
La vergue du grand hunier.	=	0,714 de id.
La baume ou gui.	=	0,714 de id.
Le bâton de foc sans flèche.	=	0,625 de id.
Les vergues du petit hunier et de civ.	=	0,875 de la long. de la verg. du gr. hu.
La vergue du perroquet de fougue.	=	0,667 de id.
La corne d'artimon.	=	0,625 de id.
Les trois vergues de perroquets et celle de contre-civadière, pour les vaisseaux au-dessus de 74 canons.	=	0,667 de leur verg. de hune respective.
Pour tous les bâtimens au-dessous de 74.	=	0,750 de id.
Le ton du grand mât et celui du mât de misaine.	=	0,167 de leur longueur.
Le ton du mât d'artimon, du grand et du petit mât de hune.	=	0,139 de id.
Le ton du mât du perroquet de fougue et des trois perroquets.	=	0,128 de id.
La flèche des trois mâts de perroquets.	=	0,667 de id.

Les taquets des vergues pour un bout seulement sont :

Pour la grande vergue, les vergues de misaine sèche et de civadière.	=	0,042 de leur longueur.
Pour les vergues du gr. et du p. hunier.	=	0,083 de id.
Pour la vergue du perr. de fougue.	=	0,055
Pour les vergues des trois perroquets et de contre-civadière.	=	0,042 de id.

Cela prouve que les rapports des tons et des taquets que nous avons portés dans la table cinquième, d'après la méthode précédente, ne les établit pas assez longs, et que par conséquent nous avons donné plus de chute, plus d'envergure et plus de surface aux voiles des sept bâtimens anglais qui nous servent d'exemples, que nous ne l'aurions fait si nous avions suivi ces nouvelles dimensions, et partant, nous avons placé leur centre d'effort de voilure plus haut qu'il ne l'est réellement dans ces bâtimens.

Cela prouve encore que la mâture des bâtimens de guerre anglais est beaucoup mieux appuyée que nous ne l'avons fait connaître, comparativement à celle des bâtimens de guerre français, puisque le capelage de tous leurs mâts descend plus bas que nous ne les avons placés sur nos plans. Nous donnons une idée des différences que cela peut occasioner par les comparaisons suivantes :

	Longueur des tons employés.	Longueur vraie des tons.	Différences.
Pour le grand mât du vaisseau n. 1. =	15,83 pi. =	18,49 pi. +	2,66 pi.
Pour le grand mât de hune de id. . =	8,18 id. =	9,10 id. +	0,92
Pour le grand mât du vaisseau n. 7. =	14,49 id. =	16,92 id. +	2,43
Pour le grand mât de hune de id. . =	7,61 id. =	8,46 id. +	0,85
Pour le grand mât de la frég. n. 11. =	12,08 id. —	14,10 id. +	2,02
Pour le grand mât de hune de id. . =	6,33 id. =	7,04 id. +	0,71
Pour le grand mât de la corv. n.15. =	10,06 id. =	11,75 id. +	1,69
Pour le grand mât de hune de id. . =	5,28 id. =	5,87 id. +	0,59

Et cela est en même rapport pour tous les mâts de tous les bâtimens anglais que nous avons cités.

Les taquets des vergues,

Pour la gr. ver. du vais. n.1, nous avons employé 2,96 p. ce doit être 4,14 p. Dif. + 1,11 p.
Pour la vergue du grand hunier de id.   5,33   5,90   +0,57

et de même pour les autres bâtimens, suivant les proportions des vergues, que nous avons cités.

Les hunes des grands bâtimens anglais sont actuellement composées en deux parties, l'une tribord, l'autre bâbord; elles ne sont pas si arrondies de l'avant que celle des bâtimens français: elles sont proportionnées à leur mât de hune respectif. Pour en faire la comparaison avec les hunes françaises, nous prenons aussi la longueur du mât de hune pour unité.

	Hune française.	Hune anglaise.
Largeur d'un bord à l'autre. .	= 0,333	= 0,333 de la long. du mât de hune.
La long. de l'avant à l'arrière.	= 0,229	= 0,250 de id.
Largeur du trou du chat. .	= 0,116	= 0,133 de id.
Sa long. de l'avant à l'arrière.	= 0,116	= 0,124 de id.
Son ouverture sur l'arrière commence à		= 0,067 de id. du bord arr. de la hune.

Ces dimensions diffèrent peu entre elles et font seulement connaître que les hunes des Anglais sont un peu plus longues, et le trou du chat un peu plus grand que dans les hunes françaises, proportions gardées entre elles ; mais il faut observer que les mâts de hunes des bâtimens français étant sur de plus grandes dimensions, leurs hunes sont plus grandes et plus pesantes que celles des bâtimens anglais, et qu'elles n'empattent pas autant les haubans, puisque le ton des Anglais descend plus bas, et fait former un plus grand angle aux leurs.

On ne peut douter, d'après ces nouveaux renseignemens, que la mâture des bâtimens anglais ne soit beaucoup plus solide que celle des bâtimens français, si on réfléchit surtout à ce que ces premiers ont très-peu, ou même point de rentrée, et que les nôtres en ont beaucoup trop.

Les dimensions des poulies anglaises sont comme suit,

L'épaisseur du rouet a de plus que le diam. du cordage.		$= \frac{1}{10}$
Le diamètre du rouet. . .	= son épaisseur. . .	$\times 5$
Le diamètre de la mortaise. .	= l'épaisseur du rouet.	$+ \frac{1}{4}$ de pouce.
La longueur de la mortaise. .	= le diamètre du rouet.	+ le diam. de la mortaise.
L'épaisseur des cloisons. .		$= \frac{5}{8}$ de id.
La longueur de la poulie. .	= le diam. de la mortaise.	$\times 8$
L'épaisseur de id. . . .	= id.	$\times 3\frac{1}{4}$ pour les poul. doub.
La largeur de id. . . .	= la long. de la mortaise.	
Le diamètre de l'essieu en bois.		= l'épaisseur du rouet.
La longueur de id.		= l'épaiss. de la poulie.
L'épaisseur des poulies plates.		$= \frac{1}{5}$ de l'épaisseur.

On pourra comparer ces dimensions avec celles donnée pages 78 à 80.

Ce nouveau Traité de l'art de faire les mâts, etc. des Anglais donne des renseignemens utiles sur l'art de la mâture : nous nous proposons de les faire connaître, si les circonstances nous permettent de continuer et de publier le second travail que nous avons commencé.

Paris, le 25 avril 1817.

TABLES COMPARATIVES

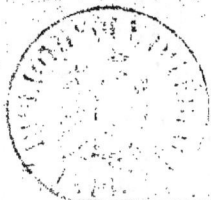

DES

PRINCIPALES DIMENSIONS

DES BATIMENS DE GUERRE FRANÇAIS ET ANGLAIS DE TOUS RANGS.

TABLE PREMIÈRE

Contenant les principales dimensions des bâtimens de guerre anglais de tous rangs.

PRINCIPALES DIMENSIONS.	N°. 1. Vaisseau de 110, port. au moins 119 piéc. d'art.	N°. 2. Vaisseau de 100, port. au moins 108 piéc. d'art.	N°. 3. Vaisseau de 98, port. au moins 106 piéc. d'art.	N°. 4. Vaisseau de 90, port. au moins 106 piéc. d'art.	N°. 5. Vaisseau de 80, port. au moins 88 piéc. d'art.	N°. 6. Gr. vaisseau de 74, port. au moins 84 pièces d'art.	N°. 7. Pet. vaiss. de 74, port. au moins 82 piéc. d'art.	N°. 8. Vaisseau de 64, port. au moins 72 piéc. d'art.	N°. 9. Vaisseau de 50, port. au moins 62 piéc. d'art.
	pieds.	pieds.	pieds.	pieds.	pieds.	pieds.	pieds.	pieds.	pieds.
Longueur à la hauteur du premier pont.	178,28	174,53	168,90	166,54	170,28	170,78	158,58	150,13	137,00
Largeur en dehors des bordages.	49,23	48,79	46,92	45,98	46,45	46,63	44,03	41,75	38,00
Creux dans la cale sur la parclose....	20,64	20,17	20,02	19,71	20,17	20,25	18,77	17,83	16,42
Hauteur entre { le faux pont et le premier pont.	6,80	6,80	6,73	6,65	6,72	6,80	6,65	6,65	6,33
{ le premier et le deuxième pont.	6,72	6,72	6,65	6,65	6,72	6,72	6,65	6,65	6,41
{ le deuxième et le trois°. pont.	6,65	6,65	6,57	6,57	»	»	»	»	»
{ le troisième pont et les gaillards.	6,42	6,33	6,33	6,26	6,26	6,26	6,18	6,10	6,10
Largeur en dehors des membres....	48,40	47,48	45,66	44,73	45,19	44,38	42,82	40,58	36,93
Creux au-dessus de la rablure de la quille.	22,98	22,46	22,24	21,86	22,38	22,40	20,88	19,77	18,22
Tirant d'eau en charge au mil. à peu près.	22,05	21,56	21,32	20,96	21,32	21,33	19,94	18,91	17,46
Rapport de la longueur à la largeur...	3,6835	3,5759	3,6991	3,7209	3,7349	3,8481	3,7034	3,6996	3,7097
Rapport de la largeur à la longueur...	0,2714	0,2720	0,2703	0,2686	0,2646	0,2599	0,2700	0,2704	0,2696

PRINCIPALES DIMENSIONS.	N°. 10. Vaisseau de 64, port. au moins 56 piéc. d'art.	N°. 11. Frég. de 38 can., port. au moins 46 bouch. à feu.	N°. 12. Frég. de 36 can., port. au moins 44 bouch. à feu.	N°. 13. Frég. de 32 can., port. au moins 38 bouch. à feu.	N°. 14. Frég. de 32 can., port. au moins 34 bouch. à feu.	N°. 15. Frég. de 28 can., port. au moins 32 bouch. à feu.	N°. 16. Corv. de 24 can., port. au moins 26 bouch. à feu.	N°. 17. Corv. de 20 can., port. au moins 26 bouch. à feu.	N°. 18. Corv. de 16 can., port. au moins 22 bouch. à feu.
	pieds.	pieds.	pieds.	pieds.	pieds.	pieds.	pieds.	pieds.	pieds.
Longueur à la hauteur du premier pont.	131,07	135,12	133,73	118,23	113,07	107,52	101,34	103,22	99,46
Largeur en dehors des bordages....	36,39	36,70	35,66	33,16	31,14	30,26	28,15	27,68	26,27
Creux dans la cale sur la parclose.	15,48	17,83	17,28	16,42	15,01	14,08	13,45	13,29	12,90
Hauteur entre { le faux pont et le premier pont.	6,18	4,93	4,69	4,69	4,69	4,46	4,38	4,38	»
{ le premier pont et le deuxième.	6,26	5,95	5,79	5,63	5,47	5,40	5,32	5,16	5,24
{ le deux°. pont et les gaillards.	6,10	6,10	6,02	5,94	5,79	5,79	5,63	5,63	5,63
Largeur en dehors des membres....	35,28	35,67	34,66	32,20	30,54	29,38	27,30	26,85	25,46
Creux au-dessus de la rablure de la quille.	17,17	19,53	19,00	17,92	16,41	15,43	14,74	14,56	14,12
Tirant d'eau en charge au mil. à peu près.	16,49	16,60	16,16	15,26	14,03	13,25	12,67	12,53	12,16
Rapport de la longueur à la largeur...	3,7435	3,7880	3,8609	3,6717	3,7024	3,6596	3,7121	3,8443	3,9262
Rapport de la largeur à la longueur...	0,2671	0,2639	0,2592	0,2723	0,2701	0,2733	0,2694	0,2601	0,2560

TABLE DEUXIÈME,

Contenant les principales dimensions des bâtimens de guerre français.

PRINCIPALES DIMENSIONS.	N° 1. Vaisseau de 120 can., port. 132 bouches à feu.	N° 2. Vaisseau de 110 can.-port. pièces d'artill.	N° 3. Vaisseau de 90 can.-port. pièces d'artill.	N° 4. Vaisseau de 80, port. 90 pièces d'artillerie.	N° 5. Vaisseau de 74, port. 86 pièces d'artillerie.	N° 6. Vaisseau de 64, port. pièces d'artillerie.	N° 7. Vaisseau de 50, port. pièces d'artillerie.	N° 8. Frégate port. du 24, pour port. 60 pièc. d'artil.	N° 9. Frégate de 18, port. 44 pièces d'artillerie.
	pieds.	pieds.	pieds.	pieds.	pieds.	pieds.	pieds.	pieds.	pieds.
Longueur	192,00 à 196,50	184,00 à 186,00	175,00 à 177,00	173,00 à 184,00	169,00 à 172,00	151,00 à 156,00	140,00 à 144,00	160,00	142,25 à 146,00
Largeur en dehors des bordages.	51,39 à 51,89	51,39	49,33 à 50,33	48,31 à 49,31	44,75 à 45,75	41,16 à 42,16	40,14 à 41,14	41,33	37,06 à 38,06
Creux dans la calle sur la parclose.	22,06 à 22,54	22,06	19,66 à 20,66	19,71 à 20,71	18,62 à 19,87	17,91 à 18,42	17,09 à 18,09	19,65	16,25 à 17,33
Largeur en dehors des membres.	50,00 à 50,50	50,00	48,00 à 49,00	47,00 à 48,00	43,50 à 44,50	40,00 à 41,00	39,00 à 40,00	40,22	36,00 à 37,00
Creux à la rablure de la quille. .	24,50	24,50	22,00 à 23,00	22,00 à 23,00	20,75 à 22,00	20,00 à 20,50	19,00 à 20,00	21,58	18,00 à 19,08
Tirant d'eau en charge au mil. .	25,00 à 24,25	24,00	21,50	21,50	20,75	19,25	18,50	18,89	16,00
Rapport de la long'. à la largeur.	3,8657	3,7000	3,6289	3,7579	3,8650	3,7901	3,5949	3,9281	3,9484
Rapport de la larg'. à la longueur.	0,2587	0,2703	0,3756	0,2717	0,2588	0,2638	0,2782	0,2514	0,2532

PRINCIPALES DIMENSIONS.	N° 10. Frégate de 12, port. 36 pièces d'artillerie.	N° 11. Frégate de 8, port. 32 pièces d'artillerie.	N° 12. Corvette port. 22 canons de 12.	N° 13. Corvette port. 18 canon. de 24 et 2 canons de 12.	N° 14. Corvette port. 20 canons de 6, La Diligente.	N° 15. Corvette port. 20 canons de 8.	N° 16. Corvette portant 20 canons de 6.	N° 17. Corvette portant 16 canons de 6.	N° 18. Brick portant 14 canon. de 24 et 2 canons de 8.
	pieds.	pieds.	pieds.	pieds.	pieds.	pieds.	pieds.	pieds.	pieds.
Longueur	135,00 à 136,00	127,00 à 128,00		120,00	104,00	100,00 à 102,00	95,00 à 96,00	80,00 à 81,00	90,00
Largeur en dehors des bordages.	34,97 à 35,97	32,95 à 33,45		30,89	26,82	26,83 à 27,83	25,81 à 26,81	24,80 à 25,80	27,33
Creux dans la cale sur la parclose.	15,36 à 16,11	14,00 à 15,00		14,12	12,89	11,72 à 12,72	11,75 à 12,35	10,81 à 11,81	13,15
Largeur en dehors des membres.	34,00 à 35,00	32,00 à 32,50		30,00	26,00	26,00 à 27,00	25,00 à 26,00	24,00 à 25,00	26,50
Creux à la rablure de la quille. .	17,00 à 17,75	15,50 à 16,00		15,50	14,17	13,00 à 14,00	13,00 à 13,50	12,00 à 13,00	13,12
Tirant d'eau en charge au mil. .	14,00 à 14,50	13,00 à 13,50		13,57	12,62	11,50	11,25	10,10	11,58
Rapport de la long'. à la largeur.	3,9275	3,9535		4,0000	4,0000	3,8113	3,7451	3,2857	3,3962
Rapport de la larg'. à la longueur.	0,2546	0,2529		0,2500	0,2500	0,2614	0,2670	0,3043	0,2944

TABLE TROISIÈME,

Contenant les principales dimensions de la mâture des bâtimens de guerre anglais de tous rangs.

PRINCIPALES DIMENSIONS.	N°. 1.	N°. 2.	N°. 3.	N°. 4.	N°. 5.	N°. 6.	N°. 7.	N°. 8.	N°. 9.
	pieds.	pieds.	pieds.	pieds.	pieds.	pieds.	pieds.	pieds.	pieds.
Longueur	1?8,28	1?4,53	168,90	166,5?	1?0,?8	1?0,?8	158,58	150,13	13?,00
Largeur en dehors des bordages	49,73	48,79	46,92	45,98	46,45	45,63	44,03	41,75	38,00
Creux dans la cale	20,6?	20,17	20,02	19,71	20,17	20,25	18,77	17,83	16,42
Largeur en dehors des membres	48,40	47,48	45,66	4?,73	45,19	44,38	42,82	40,58	36,93
Creux à la rablure de la quille	22,98	22,?6	22,24	21,86	22,38	22,40	20,88	19,77	18,22

Noms des Mâts.

	N°.1 long.	diam.	N°.2 long.	diam.	N°.3 long.	diam.	N°.4 long.	diam.	N°.5 long.	diam.	N°.6 long.	diam.	N°.7 long.	diam.	N°.8 long.	diam.	N°.9 long.	diam.
Grand mât	110,73	3,05	108,85	3,04	106,9?	2,97	105,09	2,93	109,79	3,05	108,?0	2,97	101,3?	2,8?	9?,77	2,63	86,33	2,2?
Mât de misaine	98,53	2,?5	97,08	2,?0	95,71	2,66	94,30	2,62	97,1?	2,?9	96,18	2,66	89,?7	2,6?	84,06	2,33	76,?8	2,06
Mât d'artimon	97,05	1,88	96,02	1,80	92,90	2,58	90,?1	1,7?	73,19	1,8?	72,70	1,80	87,7?	1,6?	81,54	1,53	73,43	1,5?
Mât de beaupré	?0,38	2,8?	68,9?	2,85	67,56	2,83	66,46	2,?9	66,86	2,8?	65,45	2,85	61,?3	2,77	56,77	2,4?	52,63	2,2?
Mât du grand hunier	65,45	1,6?	6?,59	1,61	62,63	1,58	61,?3	1,5?	66,15	1,68	6?,?5	1,64	60,8?	1,50	54,89	1,38	49,97	1,25
Mât du petit hunier	59,8?	1,6?	58,96	1,61	5?,00	1,58	55,56	1,5?	59,1?	1,68	58,33	1,64	54,11	1,50	49,50	1,38	45,?0	1,?5
Mât du perroquet de fougue	47,86	1,09	46,3?	1,08	45,51	1,16	44,5?	1,0?	43,63	1,03	42,0?	1,02	41,13	1,00	40,11	0,9?	3?,48	0,89
Bâton de foc sans flèche	50,6?	1,21	49,26	1,19	47,86	1,26	46,9?	1,1?	47,15	1,10	45,98	1,09	45,0?	1,08	41,05	1,0?	37,30	0,8?
Mât du gr. perroq.	48,?3	0,9?	47,83	0,91	47,50	0,88	46,?5	0,86	49,62	0,8?	47,?6	0,82	46,?5	0,86	41,19	0,?6	37,30	0,6?
Mât du pet. perroq. } le tiers pour	44,8?	0,86	44,02	0,?8	42,25	0,78	39,91	0,74	45,3?	0,?8	43,65	0,76	40,56	0,75	37,05	0,68	33,78	0,63
Mât de perruche } la flèche	38,01	0,67	34,32	0,6?	34,18	0,63	33,09	0,62	36,96	0,59	35,31	0,57	33,78	0,61	30,2?	0,56	28,66	0,53

Noms des Vergues.

	N°.1 long.	diam.	N°.2 long.	diam.	N°.3 long.	diam.	N°.4 long.	diam.	N°.5 long.	diam.	N°.6 long.	diam.	N°.7 long.	diam.	N°.8 long.	diam.	N°.9 long.	diam.
Grande vergue	98,53	1,83	96,02	1,88	93,3?	1,8?	91,02	1,7?	95,71	2,01	93,91	2,00	90,71	1,77	84,76	1,64	78,04	1,51
Vergue de misaine	85,86	1,6?	82,65	1,63	80,93	1,61	78,8?	1,56	85,86	1,7?	84,?5	1,79	79,13	1,5?	7?,52	1,45	67,?6	1,3?
Vergue d'artimon, corne	83,0?	1,?5	81,64	1,24	80,23	1,21	77,49	1,1?	85,22	1,?5	84,?6	1,21	81,1?	1,20	?6,01	1,1?	60,91	1,0?
Vergue du grand hunier	?1,08	1,23	69,13	1,21	68,2?	1,19	65,21	1,15	67,56	1,15	66,4?	1,13	66,15	1,1?	61,31	1,0?	57,00	0,98
Vergue du petit hunier	61,93	1,08	60,52	1,07	59,12	1,05	56,7?	1,01	6?,?4	1,12	63,3?	1,09	58,06	1,00	53,83	0,95	49,4?	0,91
Vergue sèche ou barrée	61,93	1,08	60,52	1,07	59,12	1,05	56,77	1,01	6?,?4	1,12	61,3?	1,09	58,06	1,00	53,83	0,95	49,4?	0,91
Vergue de civadière	61,93	1,08	60,52	1,07	59,12	1,05	56,77	1,01	64,?4	1,1?	63,3?	1,0?	58,06	1,00	53,83	0,9?	49,4?	0,9?
Vergue du perroquet de fougue	47,00	0,8?	45,98	0,79	45,0?	0,78	44,10	0,76	52,?8	0,83	51,6?	0,8?	44,5?	0,75	4?,50	0,70	36,93	0,65
Vergue du grand perroquet	47,86	0,8?	45,74	0,7?	44,?4	0,7?	43,63	0,73	43,45	0,7?	43,45	0,73	43,01	0,7?	36,59	0,6?	34,?1	0,58
Vergue du petit perroquet	22,23	0,68	40,0?	0,6?	39,41	0,65	36,00	0,65	39,41	0,68	37,56	0,66	37,53	0,6?	32,30	0,55	29,56	0,49
Vergue de contre-civadière	4?,23	0,68	40,0?	0,6?	39,41	0,65	36,00	0,65	39,41	0,68	37,56	0,66	37,53	0,6?	32,30	0,55	29,56	0,49
Vergue de perruche	33,78	0,5?	31,90	0,55	31,4?	0,55	30,?3	0,55	33,78	0,5?	32,8?	0,55	29,79	0,5?	27,76	0,49	26,0?	0,43

TABLE QUATRIÈME,

Contenant les principales dimensions de la mâture des bâtimens de guerre français, d'après le dernier règlement.

PRINCIPALES DIMENSIONS.	N°. 1.		N°. 4.		N°. 5.	
	pieds.		pieds.		pieds.	
Longueur.	194,00		180,00		169,50	
Largeur en dehors des bordages.	51,89		48,31		45,75	
Creux dans la cale.	22,54		20,71		19,87	
Largeur en dehors des membres.	50,50		47,00		44,50	
Creux à la rablure de la quille.	25,00		23,00		22,00	
	longueur.	diamètre.	longueur.	diamètre.	longueur.	diamètre.
Noms des Mâts.						
Grand mât.	120,00	3,25	115,00	3,00	105,00	2,85
Mât de misaine.	112,00	3,08	105,00	2,88	97,00	2,77
Mât d'artimon.	83,00	2,12	76,00	1,96	73,00	1,83
Mât de beaupré.	70,00	3,17	65,00	2,92	62,00	2,81
Mât du grand hunier.	73,00	1,85	70,00	1,71	65,00	1,58
Mât du petit hunier.	67,00	1,85	64,00	1,71	61,00	1,58
Mât du perroquet de fougue.	51,00	1,14	49,00	1,08	48,00	1,08
Bâton de foc sans flèche.	60,00	1,33	53,00	1,12	50,00	1,08
Mât du grand perroquet à flèche. . . .	51,00	1,00	49,00	0,92	47,00	0,87
Mât du petit perroquet à flèche. . . .	45,00	0,88	41,00	0,79	41,00	0,79
Mât de perruche à flèche.	40,00	0,73	38,00	0,62	33,00	0,58
Noms des Vergues.						
Grande vergue.	110,00	2,19	100,00	2,08	92,00	2,21
Vergue de misaine.	100,00	2,02	91,00	1,92	84,00	1,92
Vergue d'artimon, corne.	96,00	1,50	91,00	1,42	83,00	1,25
Vergue du grand hunier.	82,00	1,58	75,00	1,33	70,00	1,21
Vergue du petit hunier.	76,00	1,33	68,00	1,25	62,00	1,17
Vergue sèche ou barrée.	76,00	1,25	68,00	1,17	62,00	1,08
Vergue de civadière.	68,00	1,29	67,00	1,29	61,00	1,17
Vergue du perroquet de fougue. . . .	57,00	0,83	54,00	0,75	48,00	0,67
Vergue du grand perroquet.	51,00	0,79	47,00	0,67	43,00	0,60
Vergue du petit perroquet.	46,00	0,67	42,00	0,61	40,00	0,58
Vergue de contre-civadière.	48,00	0,75	44,00	0,67	40,00	0,58
Vergue de perruche.	40,00	0,58	36,00	0,52	34,00	0,50
Baume ou guy.	70,00	1,17	58,15	0,96	55,00	1,00

SUITE DE LA TABLE TROISIÈME.

PRINCIPALES DIMENSIONS.	N°. 10.		N°. 11.		N°. 12.		N°. 15.						N°. 15.		N°. 16.		
	pieds.				pieds.		pieds.						pieds.		pieds.		
Longueur.	132,07				133,72		118,23						107,52		101,34		
Largeur en dehors des bordages.	36,30				35,66		33,16						30,26		28,15		
Creux dans la cale.	15,48				17,28		16,42						14,08		13,45		
Largeur en dehors des membres.	35,28				34,66		32,20						29,38		27,30		
Creux à la rablure de la quille.	17,17				19,00		17,92						15,43		14,74		

Noms des Mâts.	long.	diam.	long.	diam.	long.	diam.	long.	diam.	long.	diam.	long.	diam.	long.	diam.	long.	diam.	long.
Grand mât.	82,57	2,04	84,45	2,11	83,51	2,03	79,76	1,94	76,32	1,85	70,38	1,74	69,13	1,72	64,75	1,64	61,93
Mât de misaine.	73,19	1,85	75,08	1,85	74,13	1,83	70,38	1,72	67,56	1,64	61,93	1,53	59,82	1,49	56,30	1,41	54,19
Mât d'artimon.	68,97	1,40	70,93	1,42	70,06	1,39	66,86	1,33	63,81	1,29	60,05	1,10	57,94	1,06	51,37	1,11	47,86
Mât de beaupré.	49,26	2,04	51,44	2,11	50,67	2,03	49,42	1,96	47,31	1,88	43,01	1,74	40,82	1,72	37,70	1,64	36,70
Mât du grand hunier.	49,73	1,23	50,67	1,26	50,05	1,26	47,86	1,18	45,24	1,12	42,23	1,04	40,35	1,03	36,70	0,94	35,89
Mât du petit hunier.	43,97	1,23	44,28	1,26	44,10	1,23	42,23	1,18	40,35	1,12	37,77	1,04	34,84	1,03	33,08	0,94	32,37
Mât du perroquet de fougue. . .	36,44	0,90	37,16	0,92	35,26	0,86	34,56	0,86	33,08	0,84	31,84	0,74	29,09	0,66	28,97	0,65	28,15
Bâton de foc sans flèche. . .	37,08	0,85	38,47	0,93	37,53	0,91	35,89	0,83	34,30	0,80	31,67	0,70	30,97	0,70	30,26	0,67	29,56
Mât du gr. perroq. } le tiers pour	37,32	0,68	38,02	0,70	36,12	0,67	35,90	0,67	34,50	0,63	31,32	0,59	28,20	0,56	27,54	0,49	26,76
Mât du pet. perroq. } la flèche.	33,78	0,61	33,07	0,61	31,67	0,59	31,67	0,59	30,63	0,55	27,68	0,55	26,39	0,50	25,35	0,47	24,30
Mât de perruche.	27,91	0,53	28,80	0,53	28,15	0,52	27,44	0,51	26,40	0,49	23,22	0,43	21,12	0,39	20,06	0,38	19,02

Noms des Vergues.	long.	diam.	long.	diam.	long.	diam.	long.	diam.	long.	diam.	long.	diam.	long.	diam.	long.	diam.	long.
Grande vergue.	75,22	1,45	76,71	1,48	74,60	1,46	69,75	1,34	66,86	1,28	61,46	1,17	60,52	1,21	55,60	1,08	52,08
Vergue de misaine.	65,53	1,27	67,09	1,28	65,21	1,25	60,84	1,17	58,41	1,13	54,19	1,02	53,49	1,01	49,27	0,94	49,26
Vergue d'artimon, corne. . . .	34,41	0,90	36,70	0,91	34,43	0,90	33,31	0,79	30,97	0,70	27,53	0,68	26,74	0,66	46,04	0,63	25,34
Vergue du grand hunier.	53,96	0,93	55,36	0,96	53,96	0,94	51,61	0,90	49,50	0,86	44,65	0,76	43,16	0,74	40,11	0,67	37,40
Vergue du petit hunier.	48,95	0,84	50,05	0,86	48,56	0,87	45,51	0,78	43,63	0,76	39,41	0,68	38,71	0,66	33,78	0,61	31,51
Vergue sèche ou barrée. . . .	48,95	0,84	50,05	0,9	48,56	0,87	45,51	0,78	43,63	0,76	39,41	0,68	38,71	0,66	33,78	0,61	31,51
Vergue de civadière.	48,95	0,84	50,05	0,90	48,56	0,8	45,51	0,78	43,63	0,76	30,41	0,68	38,11	0,66	33,78	0,61	31,51
Vergue du perroquet de fougue.	36,70	0,63	38,16	0,65	37,16	0,61	34,48	0,54	33,08	0,52	29,56	0,47	29,09	0,46	26,04	0,45	25,34
Vergue du grand perroquet. . .	34,55	0,58	35,19	0,59	33,08	0,57	31,44	0,52	30,26	0,50	28,46	0,48	25,80	0,47	24,64	0,43	23,94
Vergue du petit perroquet. . . .	29,09	0,49	30,97	0,51	29,56	0,5	27,68	0,46	26,74	0,44	25,34	0,42	23,46	0,39	21,82	0,37	21,11
Vergue de contre-civadière. . .	29,09	0,49	30,97	0,51	26,56	0,50	27,68	0,46	26,74	0,44	25,34	0,42	23,46	0,39	21,82	0,37	21,11
Vergue de perruche.	25,67	0,40	26,27	0,43	25,34	0,41	22,91	0,40	22,52	0,39	21,82	0,39	21,11	0,38	20,41	0,36	19,71

SUITE DE LA TABLE QUATRIÈME.

PRINCIPALES DIMENSIONS.	Nº. 9.		Nº. 10.		Nº. 13.		Nº. 14	
	pieds.		pieds.		pieds.		pieds.	
Longueur.	142,25		136,00		120,00		104,00	
Largeur en dehors des bordages.	37,73		35,00		30,89		26,82	
Creux dans la cale.	17,33		16,11		14,12		12,89	
Largeur en dehors des membres.	36,67		34,50		30,00		26,00	
Creux à la rablure de la quille.	19,08		17,75		15,50		14,17	

Noms des Mâts.	longueur.	diamètre.	longueur.	diamètre.	longueur.	diamètre.	longueur.	diamètre.
Grand mât.	88,50	2,29	83,00	2,17	75,00	1,79	64,42	1,58
Mât de misaine.	79,00	2,12	76,00	2,08	68,00	1,62	54,50	1,53
Mât d'artimon.	63,00	1,50	60,00	1,50	53,50	1,25	49,50	1,20
Mât du beaupré.	52,00	2,21	50,00	2,12	41,00	1,67	40,00	1,54
Mât du grand hunier.	57,00	1,37	50,00	1,33	48,50	1,12	41,00	0,98
Mât du petit hunier.	52,00	1,37	50,00	1,33	44,50	1,13	39,00	0,98
Mât du perroquet de fougue.	42,00	1,00	41,00	0,87	33,50	0,79	37,00	0,60
Bâton de foc sans flèche.	40,00	0,83	38,00	0,83	30,00	0,83	28,00	0,77
Mât du grand perroquet à flèche. . .	45,00	0,83	35,00	0,67	38,00	0,62	27,00	0,54
Mât du petit perroquet à flèche. . .	40,00	0,81	35,00	0,67	35,00	0,54	24,50	0,50
Mât de perruche à flèche.	30,00	0,58	26,00	0,50	28,00	0,46	»	»
Noms des Vergues.								
Grande vergue	80,00	1,63	76,00	1,33	68,00	1,37	54,00	1,10
Vergue de misaine.	70,00	1,37	69,00	1,29	58,00	1,21	50,00	0,87
Vergue d'artimon , corne.	43,00	0,83	41,00	0,83	36,00	0,75	25,00	0,50
Vergue du grand hunier.	58,00	0,98	54,00	0,96	52,00	0,96	41,00	0,75
Vergue du petit hunier.	51,00	0,87	54,00	0,96	48,00	0,79	38,00	0,64
Vergue sèche ou barrée.	55,00	0,98	54,00	0,83	47,00	0,79	38,00	0,64
Vergue de civadière.	55,00	0,92	54,00	0,83	43,50	0,79	38,00	0,60
Vergue du perroquet de fougue. . .	45,00	0,64	40,00	0,58	36,50	0,50	27,00	0,52
Vergue du grand perroquet.	38,00	0,58	34,00	0,46	33,50	0,46	24,00	0,44
Vergue du petit perroquet.	33,00	0,54	34,00	0,46	30,00	0,46	22,80	0,42
Vergue de contre-civadière.	39,00	0,58	40,00	0,50	30,00	0,46	»	»
Vergue de perruche.	29,00	0,46	25,00	0,42	26,00	0,37	19,00	0,30
Baume ou guy.	54,00	0,87	50,00	0,83	43,20	0,69	34,50	0,55

TABLE CINQUIÈME,

Contenant les rapports moyens des dimensions de la mâture des quatre classes des bâtimens de guerre anglais, déduite de la table troisième.

PRINCIPALES DIMENSIONS.	VAISSEAUX A 3 PONTS.		VAISSEAUX A 2 BATTERIES.						
Longueur.	166,54 à 178,28 p.		150,13 à 170,58 p.						
Largeur en dehors des bordages.	45,98 à 49,73		41,76 à 46,45						
Creux dans la cale.	19,71 à 20,64		17,83 à 20,17						
Largeur en dehors des membres.	44,73 à 48,40		42,58 à 45,19						
Creux à la rablure de la quille.	21,86 à 22,98		19,77 à 22,38						
Rapports de la longueur des mâts et vergues à la largeur des bâtimens en dehors des bordages.	longueur.	diamètre.	longueur.	diamètre.	longueur.	diamètre.	longueur.	diamètre.	
Grand mât.	2,2615	0,0278	2,3294	0,0277	2,3708	0,0245	2,3693	0,0242	0,143
Mât de misaine.	2,0159	0,0278	2,0628	0,0277	2,1005	0,0245	2,0670	0,0242	0,143
Mât d'artimon.	1,9636	0,0200	1,9897	0,0200	1,9875	0,0200	1,9238	0,0165	0,125
Mât de beaupré.	1,4285	0,0415	1,4100	0,0415	1,4535	0,0403	1,4029	0,0403	»
Mât du grand hunier.	1,3304	0,0251	1,3819	0,0250	1,4217	0,0249	1,3785	0,0249	0,125
Mât du petit hunier.	1,2077	0,0275	1,2414	0,0278	1,2551	0,0282	1,2255	0,0280	0,125
Mât du perroquet de fougue.	0,9630	0,0236	0,9591	0,0236	1,0709	0,0238	1,0912	0,0238	0,125
Bâton de foc.	1,0172	0,0236	1,0076	0,0236	1,0307	0,0238	1,0645	0,0238	»
Mât de grand perroquet.	0,9539	0,0225	1,0366	0,0216	1,0578	0,0221	1,0307	0,0220	0,333
Mât du petit perroquet.	0,9006	0,0222	0,9213	0,0216	0,9302	0,0227	0,9230	0,0225	0,333
Mât de perruche.	0,7193	0,0210	0,7653	0,0210	0,8113	0,0221	0,7398	0,0220	0,353
Vergues.									
Grande vergue.	1,9797	0,0193	2,0528	0,0203	2,1070	0,0193	2,0620	0,0195	0,030
Vergue de misaine.	1,7194	0,0196	1,8221	0,0203	1,1839	0,0193	1,8230	0,0195	0,030
Vergue d'artimon, corne.	1,6837	0,0151	1,8349	0,0157	0,9892	0,0243	0,9411	0,0243	0,000
Vergue du grand hunier.	1,4298	0,0174	1,4775	0,0170	1,5391	0,0175	1,1694	0,0176	0,075
Vergue du petit hunier.	1,2453	0,0174	1,3458	0,0170	1,3725	0,0175	1,2892	0,0176	0,070
Vergue sèche ou barrée.	1,3453	0,0174	1,3458	0,0170	1,3725	0,0175	1,2892	0,0176	0,030
Vergue de civadière.	0,2453	0,0174	1,3458	0,0170	1,3725	0,0175	1,2892	0,0176	0,030

TABLE SIXIÈME,

Contenant les rapports des dimensions de la mâture des cinq classes de bâtimens de guerre français, déduite de la Table 4.*

PRINCIPALES DIMENSIONS.	VAISSEAUX A 3 PONTS.		VAISSEAUX A 2 BATTERIES.		FRÉGATES.		CORVETTES A GAILLARDS.		CORVETTES A COFFRES.		Rapports de long du mât et des larquets de vergue d'un bout, à la long. de leur mât et verg. resp.
Longueur.	175,00 à 196,50 p.		151,00 à 184,00 p		135,00 à 146,00 p.		120,00 p.		104,00 p.		
Largeur en dehors des bordages.	49,33 à 51,89		41,16 à 49,31		34,97 à 38,06		30,89		26,82		
Creux dans la calle.	19,66 à 22,54		17,92 à 20,71		15,36 à 17,33		14,12		12,89		
Largeur en dehors des membres.	48,00 à 50,50		40,00 à 48,00		34,00 à 37,06		30,00		26,00		
Creux à la rablure de la quille.	22,00 à 25,00		20,00 à 23,00		17,00 à 19,08		15,50		14,17		
Rapports de la longueur des mâts à la largeur des bâtimens, en dehors des membres.	longueur.	diamètre.	longueur.	diamètre.	longueur.	diamètre.	longueur.	diamètre.	longueur.	diamètre.	
Grand mât.	2,3762	0,026	2,4032	0,026	2,4134	0,026	2,5000	0,025	2,4777	0,024	0,143
Mât de misaine.	2,2178	0,027	2,2069	0,027	2,1544	0,027	2,2667	0,026	2,0962	0,025	0,143
Mât d'artimon.	1,6436	0,025	1,6282	0,025	1,7180	0,025	1,7833	0,024	1,9038	0,024	0,134
Mât de beaupré.	1,3861	0,042	1,3881	0,042	1,4181	0,0425	1,3667	0,045	1,5385	0,030	»
Mât du grand hunier.	1,4455	0,0254	1,4250	0,0242	1,5541	0,0241	1,6167	0,0232	1,5769	0,024	0,125
Mât du petit hunier.	1,3267	0,0274	1,3512	0,0262	1,4181	0,0264	1,4833	0,0253	1,5000	0,025	0,125
Mât du perroquet de fougue.	1,0100	0,022	1,0487	0,023	1,1455	0,023	1,1167	0,0215	1,4230	0,021	0,125
Bâton de foc.	1,1881	0,023	1,1299	0,023	1,0908	0,022	1,4833	0,0215	1,5000	0,021	0,250
Mât du grand perroquet.	1,0100	0,019	1,0378	0,019	1,2272	0,019	1,2667	0,017	1,0385	0,017	0,383
Mât du petit perroquet.	0,8911	0,019	0,9080	0,019	1,0908	0,019	1,1667	0,017	0,9423	0,017	0,383
Mât de perruche.	0,7921	0,019	0,7669	0,019	0,8181	0,019	0,9334	0,017	0,7461	0,017	0,383
Rapports de la longueur des vergues à la longueur des bâtimens.											
Grande vergue.	0,5670	0,021	0,5492	0,021	0,5624	0,021	0,5667	0,020	0,4500	0,020	0,040
Vergue de misaine.	0,5155	0,021	0,5006	0,021	0,4921	0,021	0,4833	0,020	0,4167	0,020	0,040
Vergue d'artimon, corne.	0,4948	0,015	0,5006	0,015	0,3023	0,023	0,3000	0,023	0,2104	0,023	»
Vergue du grand hunier.	0,4227	0,018	0,4148	0,019	0,4077	0,019	0,4333	0,018	0,3417	0,018	0,092
Vergue du petit hunier.	0,3818	0,018	0,3718	0,019	0,3585	0,019	0,4000	0,018	0,3167	0,018	0,104
Vergue sèche ou barrée.	0,3918	0,017	0,3718	0,017	0,3895	0,017	0,3917	0,016	0,3167	0,016	0,052
Vergue de civadière.	0,3505	0,019	0,3660	0,017	0,3895	0,017	0,3625	0,016	0,3167	0,016	0,052
Vergue du perroquet de fougue. .	0,2938	0,015	0,2860	0,016	0,3163	0,016	0,3042	0,016	0,2250	0,016	0,076
Vergue du grand perroquet. . . .	0,2628	0,015	0,2633	0,016	0,2670	0,016	0,2792	0,015	0,2000	0,015	0,048
Vergue du petit perroquet. . . .	0,2371	0,015	0,2346	0,016	0,2320	0,016	0,2500	0,015	0,1833	0,015	0,048
Vergue de contre-civadière. . . .	0,2414	0,015	0,2402	0,016	0,2742	8,016	0,2500	0,015	0,1833	0,015	0,048
Vergue de perruche.	0,2062	0,015	0,2004	0,016	0,2039	0,016	0,2166	0,014	0,1645	0,014	0,048
Baume ou guy.	0,3350	0,0165	0,3238	0,0165	0,3669	0,0165	0,3669	0,016	0,3500	0,0155	»

3

TABLE SEPTIÈME,

Comparaisons des deux systèmes de mâtures français et anglais à des bâtimens anglais, pour en connaître les différences.

PRINCIPALES DIMENSIONS.	VAISSEAU N°. 1, À 3 PONTS.		VAISSEAU N°. 7, PETIT 74.	
Longueur............	178,28 pieds.	= 178,28 pieds.	158,58 pieds.	= 158,58 pieds.
Largeur..............	48,40	= 49,73	42,82	= 44,03
Creux...............	22,98	= 20,64	20,88	= 18,97

NOMS DES MATS ET VERGUES.	MATÉ suivant le système anglais.		MATÉ suivant le système français.		Différence des 2 mâtures. Franç°. +	MATÉ suivant le système anglais.		MATÉ suivant le système français.		Différence des 2 mâtures. Franç°. +
	longueur.	diamètre.	longueur.	diamètre.	pieds.	longueur.	diamètre.	longueur.	diamètre.	pieds.
Mâts.										
Grand mât...............	110,73	3,05	115,01	2,99	+4,28	101,34	2,82	102,91	2,68	+1,57
Mât de misaine............	8,53	2,75	107,34	2,90	+8,81	89,77	2,64	94,50	2,55	+5,73
Mât d'artimon............	97,08	1,88	102,53	1,99	+5,45	87,74	1,67	88,49	1,79	+0,75
Mât de beaupré...........	70,38	2,89	67,09	2,95	—3,29	61,93	2,77	58,58	2,62	—3,35
Mât du grand hunier.......	65,45	1,64	69,96	1,77	+4,51	60,84	1,50	63,16	1,52	+2,32
Mât du petit hunier........	59,82	1,64	63,21	1,77	+4,39	54,11	1,50	57,86	1,52	+3,75
Mât du perroquet de fougue..	47,86	1,09	48,88	1,08	+1,02	41,13	1,00	44,91	1,03	+3,78
Bâton de foc sans flèche....	50,67	1,21	57,50	1,32	+6,83	45,04	1,08	48,38	1,11	+3,34
Grand mât de perroquet à flèche..	48,73	0,92	48,88	0,93	+0,15	46,45	0,86	44,44	0,85	—2,01
Petit mât de perroquet à flèche...	44,87	0,86	43,13	0,82	—1,74	40,56	0,75	38,88	0,74	—1,68
Mât de perruche à flèche.....	38,01	0,67	38,34	0,73	+0,33	33,78	0,61	32,84	0,62	—0,94
Vergues.										
Grande vergue............	98,53	1,83	101,08	2,12	+2,55	90,71	1,77	87,09	1,83	—3,62
Vergue de misaine.........	85,86	1,64	91,90	1,93	+6,04	79,13	1,53	79,39	1,67	+0,26
Vergue d'artimon, corne....	83,04	1,25	88,71	1,33	+5,67	81,17	1,20	79,39	1,19	—1,78
Vergue du grand hunier.....	71,08	1,23	75,36	1,36	+4,28	66,15	1,14	65,78	1,25	—0,37
Vergue du petit hunier......	61,93	1,08	69,85	1,25	+7,92	58,06	1,00	58,96	1,12	+0,90
Vergue sèche ou barrée.....	61,93	1,08	69,85	1,18	+7,92	58,06	1,00	58,06	1,00	+0,00
Vergue de civadière........	61,93	1,08	62,49	1,06	+6,50	58,06	1,00	58,14	0,99	—0,02
Vergue du perroquet de fougue..	47,00	0,80	52,38	0,83	+5,38	44,57	0,75	45,35	0,73	+0,78
Vergue du grand perroquet...	47,86	0,80	46,85	0,70	—1,01	43,01	0,72	41,75	0,67	—1,26
Vergue du petit perroquet....	42,23	0,68	42,27	0,63	+0,04	37,53	0,67	37,20	0,60	—0,33
Vergue de contre-civadière...	42,23	0,68	42,27	0,63	+0,04	37,53	0,67	37,20	0,60	—0,33
Vergue de perruche........	33,78	0,56	36,76	0,55	+2,98	29,79	0,52	31,78	0,51	+1,99
Baume ou guy............	57,78	0,98	59,72	0,98	+1,94	54,30	0,90	51,39	0,82	—2,91
Total de la différence des deux mâtures..........					+30,74					+13,56
Total de la différence des deux envergures........					+44,31					— 5,31

TABLE HUITIÈME,

Comparaisons des deux systèmes de mâtures français et anglais à des bâtimens français, pour en connaître les différences.

PRINCIPALES DIMENSIONS.	VAISSEAU N°. 1, A 3 PONTS.		VAISSEAU N°. 5, DE 74.	
Longueur.	194,00 pieds.	= 194,00 pieds.	169,50 pieds.	= 169,50 pieds.
Largeur.	50,50	= 51,89	44,50	= 45,75
Creux.	25,00	= 22,54	22,00	= 19,87

NOMS DES MATS ET VERGUES.	MATÉ suivant le système français.		MATÉ suivant le système anglais.		Différence des 2 mâtures. Franç°. +	MATÉ suivant le système français.		MATÉ suivant le système anglais.		Différence des 2 mâtures. Franç°. +
	longueur.	diamètre.	longueur.	diamètre.	pieds.	longueur.	diamètre.	longueur.	diamètre.	pieds.
Mâts.										
Grand mât.	120,0	3,25	117,35	3,262	+ 2,65	105,0	2,86	106,57	2,952	—1,57
Mât de misaine.	112,0	3,08	104,61	2,908	+ 7,39	97,0	2,77	94,37	2,603	+3,63
Mât d'artimon.	83,0	2,12	78,90	1,973	+ 4,10	73,0	1,83	70,66	1,710	+2,34
Mât de beaupré.	70,0	3,17	74,12	2,996	— 4,12	62,0	2,81	64,51	2,777	—2,51
Mât du grand hunier.	73,0	1,88	69,08	1,728	+ 3,97	65,0	1,58	63,36	1,581	+1,64
Mât du petit hunier.	67,0	1,88	62,67	1,728	+ 4,33	61,0	1,58	56,79	1,581	+4,21
Mât du perroquet de fougue. . . .	51,0	1,14	49,97	1,179	+ 1,03	48,0	1,08	42,96	1,014	+5,04
Bâton de foc sans flèche.	60,0	1,33	52,78	1,246	+ 7,22	50,0	1,08	46,08	1,087	+3,92
Grand mât de perroquet à flèche. . .	51,0	1,00	51,13	1,150	— 0,13	47,0	0,87	47,42	1,024	—0,42
Petit mât de perroquet à flèche. . .	45,0	0,88	46,73	1,032	— 1,73	41,0	0,79	42,42	0,916	—1,42
Mât de perruche à flèche.	40,0	0,73	37,32	0,784	+ 2,68	33,0	0,58	34,51	0,725	—1,51
Vergues.										
Grande vergue.	110,0	2,19	102,73	1,983	+ 7,27	92,0	2,21	93,92	1,907	—1,92
Vergue de misaine.	100,0	2,02	89,22	1,689	+10,78	84,0	1,92	83,35	1,692	+0,65
Vergues d'artimon, corne. . . .	96,0	1,50	87,37	1,319	+ 8,63	84,0	1,25	83,95	1,234	+0,05
Vergue du grand hunier. . . .	82,0	1,58	74,19	1,291	+ 7,81	70,0	1,21	67,32	1,144	+2,68
Vergue du petit hunier. . . .	76,0	1,33	64,62	1,124	+11,38	62,0	1,17	61,57	1,047	+0,43
Vergue sèche ou barrée. . . .	76,0	1,33	64,62	1,124	+11,38	62,0	1,17	61,57	1,047	+0,43
Vergue de civadière. . . .	68,0	1,09	64,62	1,124	+ 3,38	61,0	1,17	61,57	1,047	—0,57
Vergue du perroquet de fougue. . .	57,0	0,83	49,60	0,863	+ 7,40	48,0	0,67	48,61	0,826	—0,61
Vergue du grand perroquet. . .	51,0	0,79	49,21	0,826	+ 1,79	45,0	0,69	43,19	0,743	+1,81
Vergue du petit perroquet. . .	46,0	0,67	44,07	0,740	+ 1,93	40,0	0,58	37,69	0,648	+2,31
Vergue de contre-civadière. . .	48,0	0,75	44,07	0,740	+ 3,93	40,0	0,58	37,69	0,648	+2,31
Vergue de perruche. . . .	40,0	0,58	36,66	0,631	+ 3,34	34,0	0,50	28,47	0,491	+5,53
Baume ou guy.	65,0	1,00	60,30	1,025	+ 4,70	55,0	0,88	56,46	0,960	—1,46
Total de la différence des deux mâtures.					+29,39					+12,35
Total de la différence des deux envergures.					+83,72					+11,64

PRINCIPALES DIMENSIONS.	FRÉGATE N°. 11, PORTANT DU 18.				CORVETTE N°. 15, Portant des can. de 9 ou des caronnades de 22.				
Longueur. . . . . . . Largeur. . . . . . . Creux.	135,12 pieds. = 135,12 pieds. 35,67 = 36,70 19.53 = 17,83				107,52 pieds. = 107,52 pieds. 29,38 = 30,26 15,43 = 14,08				
NOMS DES MATS ET VERGUES.	MATÉ suivant le système anglais.		MATÉ suivant le système français.		Différence des 2 mâtures. Franç°. +	MATÉ suivant le système anglais.		MATÉ suivant le système français.		Différence des 2 mâtures. Franç°. +
	longueur.	diamètre.	longueur.	diamètre.	pieds.	longueur.	diamètre.	longueur.	diamètre.	pieds.
Mâts.										
Grand mât.	84,45	2,11	86,09	2,24	+1,64	70,38	1,74	73,45	1,84	+3,07
Mât de misaine.	75,08	1,85	76,85	2,04	+1,77	62,57	1,53	66,60	1,73	+4,03
Mât d'artimon.	70,92	1,42	74,18	1,52	+3,26	60,69	1,10	62,01	1,26	+1,32
Mât de beaupré.	51,44	2,11	50,58	2,14	—0,86	43,01	1,74	40,15	1,78	—2,86
Mât du grand hunier.	50,67	1,26	55,43	1,34	+4,76	42,23	1,04	47,50	1,10	+5,27
Mât du petit hunier.	44,28	1,26	50,58	1,34	+6,30	37,77	1,04	43,58	1,10	+5,81
Mât du perroquet de fougue. . . .	38,47	0,93	40,86	0,94	+2,39	31,67	0,70	32,81	0,71	+1,14
Bâton de foc sans flèche. . .	37,16	0,92	38,91	0,86	+1,75	32,84	0,74	32,05	0,69	—0,79
Grand mât de perroquet à flèche. .	38,02	0,70	43,77	0,83	+5,75	31,32	0,59	37,21	0,63	+5,89
Petit mât de perroquet à flèche. .	33,07	0,61	38,91	0,74	+5,84	27,68	0,55	34,28	0,59	+6,60
Mât de perruche à flèche.	26,40	0,53	29,18	0,55	+2,78	23,22	0,43	27,42	0,47	+4,20
Vergues.										
Grande vergue.	76,71	1,48	75,99	1,60	—0,82	61,46	1,17	60,93	1,22	—0,53
Vergue de misaine.	67,09	1,28	66,49	1,40	—0,60	54,19	1,02	51,96	1,04	—2,23
Vergue d'artimon, corne. . . .	36,70	0,91	40,85	0,94	+4,15	27,53	0,68	32,26	0,74	+4,73
Vergue du grand hunier. . . .	55,36	0,96	55,09	1,05	—0,27	44,65	0,76	46,59	0,84	+1,94
Vergue du petit hunier.	50,05	0,90	48,44	0,92	—1,61	39,41	0,68	43,00	0,77	+3,59
Vergue sèche ou barrée.	50,05	0,90	52,63	0,90	+2,58	39,41	0,68	42,10	0,76	+2,69
Vergue de civadière.	50,05	0,90	52,63	0,89	+2,58	39,41	0,68	38,98	0,62	—0,43
Vergue du perroquet de fougue. .	38,16	0,65	42,74	0,68	+4,58	29,56	0,48	32,71	0,49	+3,15
Vergue du grand perroquet. . . .	35,19	0,50	36,08	0,58	+1,04	30,40	0,49	30,62	0,42	+1,56
Vergue du petit perroquet. . . .	30,97	0,51	31,35	0,50	+0,38	25,34	0,42	26,88	0,38	+1,54
Vergue de contre-civadière. . . .	30,97	0,51	37,05	0,59	+6,08	25,34	0,42	26,88	0,38	+1,54
Vergue de perruche.	26,27	0,43	27,55	0,44	+1,28	21,82	0,39	23,29	0,33	+1,47
Baume ou guy.	47,71	0,81	49,39	0,81	+1,68	37,22	0,63	39,78	0,64	+2,56
Total de la différence des deux mâtures.					+35,38					+33,68
Total de la différence des deux envergures.					+20,90					+21,58

SUITE DE LA TABLE HUITIÈME.

PRINCIPALES DIMENSIONS.	FRÉGATE N°. 9, PORTANT DU 18.			CORVETTE N°. 13, Portant 18 caronnades de 24, et 2 can. de 12.		
Longueur.	142,25 pieds.	= 142,25 pieds.		120,00 pieds.	= 120,00 pieds.	
Largeur.	36,67	= 37,73		30,00	= 30,89	
Creux.	19,08	= 17,33		15,50	= 14,12	

NOMS DES MATS ET VERGUES.	MATÉE suivant le système français.		MATÉE suivant le système anglais.		Différence des 2 mâtures. Franç°. +	MATÉE suivant le système français.		MATÉE suivant le système anglais.		Différence des 2 mâtures. Franç°. +
Mâts.	longueur.	diamètre.	longueur.	diamètre.	pieds.	longueur.	diamètre.	longueur.	diamètre.	pieds.
Grand mât.	88,5	2,30	89,45	2,192	—0,95	75,0	1,79	73,19	1,771	+1,81
Mât de misaine.	79,0	2,13	79,25	1,942	—0,25	68,0	1,62	63,91	1,547	+4,09
Mât d'artimon.	63,0	1,50	62,66	1,501	+0,34	53,5	1,25	49,69	1,209	+3,81
Mât de beaupré.	52,0	2,21	54,85	2,067	—2,85	41,0	1,67	43,34	1,747	—2,34
Mât du grand hunier. . . .	57,0	1,38	53,64	1,335	+3,36	48,5	1,13	42,58	1,060	+5,92
Mât du petit hunier.	52,0	1,38	47,35	1,335	+4,65	44,5	1,13	3,86	1,060	+6,64
Mât du perroquet de fougue.	42,0	1,00	40,41	0,962	+1,59	33,5	0,79	33,71	0,812	—0,21
Bâton de foc sans flèche. . . .	55,0	1,00	53,07	0,962	+1,93	44,5	0,79	44,50	0,812	»
Grand mât de perroquet à flèche. . . .	45,0	0,83	39,91	0,882	+5,09	38,0	0,62	31,84	0,700	+6,16
Petit mât de perroquet à flèche. . . .	40,0	0,81	35,10	0,797	+4,90	35,0	0,54	28,51	0,641	+6,49
Mât de perruche à flèche.	30,0	0,58	30,61	0,676	—0,61	28,0	0,46	22,85	0,503	+5,15
Vergues.										
Grande vergue.	80,0	1,62	79,50	1,534	+0,50	68,0	1,37	63,70	1,242	+4,30
Vergue de misaine.	70,0	1,38	69,38	1,339	+0,62	58,0	1,21	56,31	1,103	+1,69
Vergue d'artimon , corne.	43,0	0,83	37,32	0,907	+5,68	36,0	0,75	29,07	0,706	+6,93
Vergue du grand hunier.	58,0	0,98	58,08	1,016	—0,08	52,0	0,96	45,39	0,799	+6,61
Vergue du petit hunier.	51,0	0,88	51,78	0,906	—0,78	48,0	0,79	39,82	0,701	+8,12
Vergue sèche ou barrée.	55,0	0,96	51,78	0,906	+3,22	47,0	0,79	39,82	0,701	+7,12
Vergue de civadière.	55,0	0,92	51,78	0,906	+3,22	43,5	0,79	39,82	0,701	+3,68
Vergue du perroquet de fougue. . . .	45,0	0,64	39,38	0,689	+5,62	36,5	0,50	29,64	0,522	+6,84
Vergue du grand perroquet. . . .	38,0	0,58	35,82	0,602	+2,18	33,5	0,46	28,22	0,485	+5,28
Vergue du petit perroquet. . . .	33,0	0,54	31,70	0,533	+1,30	30,0	0,46	25,08	0,431	+4,92
Vergue de contre-civadière. . . .	39,0	0,58	31,70	0,533	+7,30	30,0	0,46	25,08	0,431	+4,92
Vergue de perruche.	29,0	0,54	26,75	0,449	+2,25	26,0	0,37	22,58	0,388	+3,42
Baume ou guy.	54,0	0,87	49,05	0,834	+4,95	44,5	0,71	38,00	0,608	+6,50
Total de la différence des deux mâtures.					+17,20					+37,52
Total de la différence des deux envergures.					+35,98					+70,33

4

Rapports des dimensions d'un système de mâture, proposé comme plus convenable que celui actuel aux quatre classes de bâtimens de guerre français, comprenant dans le rang des frégates les corvettes à batterie couverte, au-dessus de 115 pieds de longueur.

NOMS DES MATS ET VERGUES.	POUR LES VAISSEAUX À TROIS PONTS.		POUR LES VAISSEAUX À DEUX BATTERIES.		RAPPORTS DE TOUS RANGS.		POUR LES FRÉGATES DE TOUS RANGS.		POUR LES CORVETTES AU-DESSOUS DE 115ᵖ.	
	Rapports de la longueur des mats et vergues.	Rapports de leur longueur à leur grand diamètre.	Rapports de la longueur des mats et vergues.	Rapports de leur longueur à leur grand diamètre.	Vaiss.	Frégat.	Rapports de la longueur des mats et vergues.	Rapports de leur longueur à leur grand diamètre.	Rapports de la longueur des mats et vergues.	Rapports de leur longueur à leur grand diamètre.

Nota. La longueur des mâts est en rapport avec la longueur des bâtimens en dehors des membres, et celle des vergues en rapport avec la longueur.

Mâts.

Grand mât.
Mât de misaine.
Mât d'artimon.
Mât de beaupré.
Mât du grand hunier.
Mât du petit hunier.
Mât du perroquet de fougue.
Bâton de foc sans flèche.
Bâton de foc avec flèche.
Bâton de clin-foc.
Mât du grand perroquet à flèche.
Mât du petit perroquet à flèche.
Mât de perruche à flèche.
Mât du grand perroquet à ton.
Mât du petit perroquet à ton.
Mât du grand cacatois à ton.
Mât du petit cacatois à flèche.
Mât du grand cacatois en flèche.
Mât du petit cacatois en flèche.
Mât cacat. de perruche en flèche en l'air.

Vergues.

Suite des vergues.

Vergue de perruche.
Vergue sur guy.
Vergue du grand cacatois.
Vergue du petit cacatois.
Vergue du cacatois de perruche.
Vergue du grand perroquet.
Vergue du petit perroquet.
Vergue du papillon de perruche.
Vergue du papillon.
Vergue de grande vergue.
Bout-dehors de misaine.
Bout-dehors du grand hunier.
Bout-dehors du petit hunier.
Bout-dehors de la corne d'artim. pour flèch. en cal.

Vergues de bonnettes.

Vergue de bas pour bonnette basse.
Vergue de bibère pour bonnette basse.
Vergue de bonnette de grand hunier.
Vergue de bonnette de petit hunier.
Vergue de bonnette de brigantine.

Application du système de mâture proposé aux bâtimens de guerre français, Nᵒˢ. 1, 5, 9, 13 et 14, FORFAIT, *édition de 1815, ainsi que de leur surface de voilure et comparaisons avec le système actuel qui leur est appliqué,* pag. 142 à 146 du Traité de la Mâture, *avec celle de quelques bâtimens anglais de même rang.*

VAISSEAU Nᵒ. 1, A TROIS PONTS.

Longueur. . . . . 196,50 pieds . . . . } creux . . . . 25,00 pieds.
Largeur. 50,50

NOMS DES MATS ET VERGUES.	SYSTÈME PROPOSÉ.				SYSTÈME ACTUEL.				DIFFÉRENCE ENTRE		SYSTÈME		
	Longueur des mâts et vergues.	Diamètre.	Ton et raprochem.de un bout.	Surface de chaque voile ta laire.	Développement de la mâture.	Longueur des mâts et vergues.	Diamètre.	Ton et raprochem.d'un bout.	Surface de chaque voile et de la voilure.	Les mâts et vergues	La surface de chaque voile et de la voilure.	Longueur des mâts et vergues.	Diamètre.	Ton et raprochem.d'un bout.
Mâts.	pds.	pds.	pds.			pds.	pds.	pds.	pds. carrés.	pds.	pds. carrés.	pieds.	pds.	pds.
Grand mât.	116,30	3,13	16,60			120,0	3,25	17,0		3,80	»	103,62	2,78	14,87
Mât de misaine.	104,58	2,86	14,94			112,0	3,08	16,0		7,42	»	93,86	2,61	13,32
Mât d'artimon.	84,34	2,03	10,77			83,0	1,99	12,0		1,66	»	72,51	1,81	10,36
Mât de beaupré. . . .	69,72	2,080	»			70,0	3,17	»		0,38	»	63,17	1,764	»
Mât du grand hunier.	69,72	1,75	8,75			73,0	1,86	8,5		3,28	»	62,17	1,567	7,77
Mât du petit hunier. .	62,75	1,757	7,84			67,0	1,86	8,0		4,25	»	55,96	1,567	7,07
Mât du perroquet de fougue.	47,06	1,153	5,88			51,0	1,21	6,0		3,94	»	41,97	1,029	5,25
Bâton de foc à flèche.	75,75	1,216	20,83			65,0	1,00	18,5		10,65	»	66,00	1,155	18,15
Mât du grand perroquet.	51,29	1,020	11,43			60,0	1,00	24,0		1,14	»	46,63	0,909	13,55
Mât du petit perroquet.	47,06	0,979	15,69			53,0	0,92	21,0		0,63	»	41,97	0,881	13,59
Mât de perruche. . . .	35,30	0,751	11,77			45,0	0,75	18,0		3,47	»	31,48	0,598	10,49
Vergues.														
Grande vergue.	110,30	2,208	3,31	4325,33	48,50	110,0	2,19	4,0	4556	+ 0,39	+ 230,67	93,76	1,865	2,80
Vergue de misaine . .	104,58	2,286	2,98	3884,71	46,0	100,0	2,07	4,0	3598	+ 0,65	+ 51,29	83,91	1,763	2,51
Corne d'artimon . . .	55,20	1,104	2,55	2955,60	60,80	56,0	1,17	4,0	»	+ 0,80	+ 81,40	43,59	0,870	0,50
Vergue du grand hunier.	81,34	1,425	6,91	5108,16	82,0	1,58	6,0	4755	+ 0,66	+ 353,16	62,37	1,213	5,55
Vergue du petit hunier.	73,21	1,281	5,93	4018,56	99,30	76,0	1,33	7,5	4173	+ 0,79	+ 154,44	60,61	1,091	4,91
Vergue sèche ou barrée.	73,21	1,464	2,20	»	»	76,0	1,25	4,0	2681	+ 1,79	+ 265,60	60,61	1,213	2,17
Vergue de civadière . .	73,21	1,281	2,20	»	»	75,0	1,35	3,5	»	+ 1,79	»	60,61	1,091	2,12
Vergue du perroquet de fougue.	49,95	0,873	3,19	2215,40	86,50	60,0	1,00	5,5	2135	+ 0,75	+ 1,50	43,87	1,029	2,58
Vergue du grand perroquet.	51,29	0,832	1,62	1964,00	53,0	51,0	0,79	3,0	1790	+ 6,89	+ 196,50	43,59	0,698	1,39
Vergue du petit perroquet.	51,06	0,533	1,65	1367,41	133,0	46,0	0,71	3,0	1912	+ 1,6	+ 154,50	30,17	0,697	1,37
Vergue de perruche. .	35,30	0,530	1,24	873,20	121,50	40,0	0,58	2,0	1204	+ 4,70	+ 204,09	27,28	0,490	0,93
Baume ou guy (*surface des 4 focs*).	73,21	1,171	1,10	*6791,99	72,15	70,0	»	»	*6097	+ 6,4	+ 694,99	60,61	0,970	0,91
Total de la différence des mâts. . .										29,8— 18,58				
Total de la différence des vergues. .														
Total de la surface des voilures et différence.			= 36031,69				= 37705				= 1111,61			
Moment de la voilure par rapport à la flottaison.			= 4709,187											
Moment par rapport à la perpendiculaire de l'étambot.			= 4129139,77											
Position du centre de voilure au-dessus de la flottaison.			= 82,82								= 3,12			
Position du centre de voilure en avant du milieu.		= 0,1326 de la longueur.	= 28,02			= 0,1400 de la longueur.	= 27,53			= 0,1237 de la			
Suivant la théorie d'Euler, ce point doit être au-dessus de la flottaison, étant sous toutes voiles.			= 8,50				= 87,50				+ 0,49			
Et en avant du milieu.		= 0,1167 de la longueur.	= 22,94			= 0,1165 de la longueur.	= 22,94						

VAISSEAU Nᵒ. 5, DE 74

Longueur. . . . . 169,00 pieds . . . . } creux . . . . 22 pieds.
Largeur. 44,00

	PROPOSÉ.		SYSTÈME ACTUEL.			DIFFÉRENCE ENTRE	
	Surface de chaque voilure.	Au-dessus de la flottaison.	Longueur des mâts et vergues.	Diamètre.	Ton et raprochem.d'un bout.	Surface de chaque voile et de la voilure.	La surface de chaque voile et de la voilure.	Les mâts et vergues	La surface de chaque voile et de la voilure.
Mâts.	pds carrés.	pds.	pds.	pds.	pds.				
»	»	100,5	2,83	15,0		+ 1,2		— 0,93	»
»	»	94,0	2,75	14,0		+ 0,1		— 0,17	»
»	»	73,0	1,83	9,5		+ 0,6		— 1,55	»
»	»	62,0	2,080	»		+ 0,9		— 0,56	»
»	»	61,0	1,58	8,0		+ 1,0		— 0,41	»
»	»	50,0	1,58	7,5		+ 3,0		— 4,70	»
»	»	45,0	1,00	6,0		»		— 2,58	»
»	»	60,0	1,08	16,0		+ 5,0		— 0,35	»
»	»	50,0	0,77	20,0		+ 3,0		— 2,72	»
»	»	45,0	0,75	18,5		+ 2,0		— 2,35	»
»	»	35,0	0,58	14,0		— 0,3		— 0,79	»
Vergues.								
3491,02	40,30	90,0	1,92	3,75	3195	+ 3,25	+ 3,98	83,22	1,665	2,91
2278,72	37,90	82,0	1,87	3,75	2337	+ 1,63	+ 56,28	70,95	1,419	2,18
2240,46	25,90	49,0	1,00	»	2466	+ 5,0	+ 25,81	43,45	0,996	9,31
3746,58	88,80	80,0	1,15	6,5	3651	+ 5,0	+ 95,81	61,31	1,194	5,51
2992,51	78,60	76,0	1,13	6,0	2979	+ 5,0	+ 22,51	55,56	1,324	5,56
»	»	61,0	1,13	4,0	»	+ 3,0	»	53,21	1,065	1,86
»	»	61,0	1,08	3,5	»	+ 1,0	»	53,21	1,065	1,86
1619,32	40,30	48,0	0,93	3,0	1790	+ 4,0	+ 170,68	39,40	0,650	2,74
2235,31	138,80	44,0	0,58	1,5	1392	+ 3,5	+ 43,31	39,40	0,635	1,36
1163,50	124,00	36,0	0,5	1,5	1204	+ 2,0	+ 40,50	30,17	0,568	1,31
648,15	111,30	36,0	0,41	1,0	630	+ 4,2	+ 21,55	29,95	0,444	0,80
3989,80	60,45	70,0	»	»	»	+ 5,6	+ 51,20	53,21	0,851	»
						— 12,5				
						+ 11,08				
= 235+5,27			= 24016			= 440,73				
= 26985,79										
= 3851156,62										
= 72,76		= 72,6	— 1,35	= 0,1141 de la longueur	= 0,1160 de la longueur.	= 18,40				
= 77,00		= 77,00		= 77,00						
= 19,69	= 0,1165 de la longueur.	= 19,6	= 0,1171 de la longueur.		= 17,10					

FRÉGATE Nᵒ. 9, PORTANT DU 18.

Longueur. . . . . 146,00 pieds . . . . . } creux . . . . 19 pieds.
Largeur. 36,50

	SYSTÈME PROPOSÉ.				SYSTÈME ACTUEL.				DIFFÉRENCE ENTRE	
	Longueur des mâts et vergues.	Diamètre.	Ton et raprochem.d'un bout.	Surface de chaque voile et de la voilure.	Au-dessus de la flottaison.	Longueur des mâts et vergues.	Diamètre.	Ton et raprochem.d'un bout.	Surface de chaque voile et de la voilure.	Les mâts et vergues	La surface de chaque voile et de la voilure.
Mâts.	pds.	pds.	pds.	pds. carrés.	pds. carre.	pds.	pds.	pds.	pds. carrés.	pds.	pds. carrés.
»	87,60	2,29	12,51			88,5	2,29	12,5		— 0,92	»
»	78,81	2,050	11,26			79,0	2,13	11,5		— 0,17	»
»	74,45	1,496	9,31			63,0	1,50	9,0		— 1,55	»
»	52,86	2,190	»			52,0	2,21	»		— 0,56	»
»	61,0	1,58	6,57			57,0	1,72	7,5		— 0,11	»
»	53,21	1,65	6,75			55,0	1,72	6,75		— 4,70	»
»	39,42	0,66	4,93			42,0	1,00	6,0		— 2,58	»
»	51,75	0,658	15,66			45,0	0,65	16,0		— 0,35	»
»	39,42	0,65	13,14			45,0	0,83	16,0		— 2,72	»
»	35,3	0,5	13,19			33,0	0,54	15,5		— 2,35	»
»	29,56	0,517	9,85			30,0	0,58	10,0		— 0,79	»
Vergues.										
2817,25	33,90	80,0	1,62	3,5	2972	+ 3,22	— 54,75			
1788,22	31,20	70,0	1,37	3,25	2029	+ 0,95	— 240,28			
1786,25	24,60	40,0	0,83	»	2189	+ 2,14	— 18,51			
2731,55	76,20	58,0	0,98	4,67	2802	+ 2,5	— 67,45			
2133,15	67,00	52,0	0,87	3,5	2236	+ 1,5	— 102,95			
»	»	55,0	0,87	3,0	»	+ 1,79	»			
»	»	55,0	0,83	3,0	»	+ 1,79	»			
1655,66	65,60	45,0	0,69	3,5	1548	+ 2,86	— 113,15			
1681,72	111,10	38,0	0,58	2,35	1106	+ 1,12	— 44,28			
1161,00	121,60	33,0	0,54	1,5	1204	+ 2,58	— 3,00			
644,66	92,60	35,0	0,87	»	567	+ 0,57	— 3,66			
3996,60	60,15	52,0	0,81	»	3392	+ 5,6	+ 604,60			
= 1936,93			= 1971,0		= 20,51					
= 11846,19					+ 11,08	= —321,07				
= 1172597,49										
= 58,51		= 66,6	— 1,63	= 0,1180 de la longueur.		= 17,18	+ 1,2			
= 66,79		= 66,79								
= 0,1171 de la longueur.		= 17,10								

SUITE DE LA TABLE DIXIÈME.

CORVETTE N° 13.
Longueur: . . . . } 120,00 pieds.
Largeur: . . . . } 30,00
creux . . . 15,50 pieds.

CORVETTE N° 14.
105,00 pieds.
26,00
creux . . 14,17 pieds.

COMPARAISONS de la surface et de la position du centre de voilure des bâtimens français ci-joints et des bâtimens anglais, N°ˢ 1, 7, 11, 14, 15, 17 et 18.
F. Français. A. Anglais.

NOMS DES MATS ET VERGUES.	SYSTÈME PROPOSÉ.					SYSTÈME ACTUEL.					DIFFÉRENCE ENTRE		SYSTÈME PROPOSÉ.				SYSTÈME ACTUEL.				DIFFÉRENC. ENTRE		BATIMENS FRANÇAIS.				BATIMENS ANGLAIS.				DIFFÉRENCES ENTRE		
	Longueur des mâts et vergues.	Diamètre.	Tout la queue d'un boul.	Surface de chaque voile et de la voilure.	Au-dessus de la flottaison.	Longueur des mâts et vergues.	Diamètre.	Tout la queue d'un boul.	Surface de chaque voile et de la voilure.	Au-dessus de la flottaison.	Les mâts et vergues.	La surface de chaque voile et la voilure.	Longueur des mâts et vergues.	Diamètre.	Tout la queue d'un boul.	Surface de chaque voile et de la voilure.	Au-dessus de la flottaison.	Longueur des mâts et vergues.	Diamètre.	Tout la queue d'un boul.	Surface de chaque voile et de la voilure.	Les mâts et les verg.	La surface de cha- que voile et de la voilure.	Nombre des bâtim.	Surface de la voilure.	En avant du point vélic.	Par rapp. à la longueur.	Nombre des bâtim.	Surface de la voilure.	En avant du milieu.	Par rapp. à la longueur.	Les surfaces de la voilure.	En avant du milieu.	Par rapp. à la longueur.

TABLE ONZIÈME,

Contenant le nombre des étais, haubans et galhaubans, pour un bord seulement, avec leu circonférence, le diamètre des caps-de-mouton et moques, pour leur garniture dans le bâtimens de guerre anglais de tous rangs.

NOMS DES MATS ET DES MANŒUVRES.	NUMÉROS DES VAISSEAUX.					NUMÉROS DES FRÉGAT.		NUMÉROS DES CORVET.		BRICKS	
Nota. *Les circonférences et les diamètres sont exprimés en pouces et centièmes; les étuis et haubans sont en grelins.*	1. 2.	3. 4.	5. 6.	7. 8.	9. 10.	11. 12.	13. 14.	15. 16.	17. 18.	de can.	de 14 can.
GRAND MAT											
Nombre des haubans	10.	10.	10.	9.	7.	7.	7.	7.	7.		
Grosseur	10,79	10,32	10,32	9,85	8,45	8,45	7,51	7,04	6,57		
Diamètre des caps-de-mouton	18,77	17,83	17,83	15,95	13,14	11,26	11,26	10,32	9,38		
Grosseur du grand étai	17,83	17,83	17,83	16,12	13,61	13,61	11,73	10,79	9,38		
Diamètre des deux moques	24,40	24,40	24,40	20,64	17,83	17,83	15,95	15,01	14,08		
Faux grand étai	13,14	13,14	13,14	21,26	9,38	9,38	7,97	7,49	6,57		
Diamètre des deux moques	16,89	16,89	16,89	15,01	13,14	13,14	12,20	11,26	10,32		
Draille de la pouillouse	4,69	4,69	4,69	3,75	3,28	3,28	3,28	3,28	2,82		
MAT DE MISAINE											
Nombre de haubans	10.	10.	10.	9.	7.	7.	7.	7.	6,57		
Grosseur	10,79	10,32	10,32	9,85	8,45	8,45	7,51	7,04	6,57		
Diamètre des caps-de-mouton	18,77	17,83	17,83	15,95	13,14	11,26	11,26	10,32	9,38		
Grosseur de l'étai	16,89	16,89	16,89	15,01	13,14	13,14	11,26	10,32	8,91		
Diamètre des deux moques	24,40	24,40	24,40	20,64	16,89	16,89	15,01	13,14	12,20		
Faux étai de misaine	10,79	10,79	10,79	9,85	7,98	7,98	7,04	6,56	5,63		
Grosseur des deux moques	15,01	15,01	15,01	14,08	11,26	11,26	11,26	10,32	9,38		
MAT D'ARTIMON											
Nombre des haubans	8.	8.	8.	8.	5.	5.	5.	5.	4.		
Grosseur	7,04	6,57	6,57	6,10	5,63	5,63	5,16	4,69	4,22		
Diamètre des caps-de-mouton	13,14	11,26	11,26	9,38	8,45	8,45	7,51	7,51	6,57		
Grosseur de l'étai	7,98	7,98	7,98	7,04	6,10	6,10	5,63	5,63	5,16		
Diamètre des cosses en fer	7,04	7,04	7,04	6,10	»	»	»	»	»		
Nombre des haubans	2.	2.	2.	2.	2.	2.	2.	1.	1.		

TABLE DOUZIÈME,

Contenant le nombre des haubans et galhaubans, leur circonférence et le diamètre des caps-de-mouton qui correspondent pour un bord, ainsi que les étais et moques établis dans chaque bâtiment de guerre français, extrait du Traité de la Mâture, *et du Règlement de* 1807.

NOMS DES MATS ET DES MANŒUVRES.	NUMÉROS DES VAISSEAUX.					NUMÉROS DES FRÉGAT.		NUMÉROS DES CORVET.		BRICKS ET GABARRES.	
Nota. Les circonférences et les diamètres sont exprimés en pouces et centièmes; les étais sont en grelins à 12 torons, 4 cordons. Les haubans sont en filain à 4 torons et mèches.	1 à 3.	4.	5.	6.	7.	9.	10.	13.	14.	16-18 can.	450 tonn.
GRAND MAT. Nombre des haubans	11.	10.	9.	9.	9.	8.	8.	7.	6.	6.	6.
Grosseur	10,50	10,00	9,50	8,00	8,50	8,50	7,50	7,25	6,50	5,50	6,50
Diamètre des caps-de-mouton	16,00	15,00	14,00	13,00	12,50	12,00	11,50	11,00	10,50	10,00	10,50
Grosseur du grand étai	17,00	16,00	15,00	14,00	13,50	13,00	12,50	10,50	9,50	8,00	9,50
Grosseur du grand faux étai	11,75	11,00	10,50	9,44	9,25	8,50	8,00	7,00	6,00	6,17	7,00
Diamètre des moques du grand étai	19,00	18,00	18,00	17,00	16,00	13,00	12,50	11,00	10,00	9,00	11,00
Diamètre des moques du grand faux étai	12,00	11,00	11,00	10,00	10,00	9,00	8,00	8,00	7,00	7,00	8,00
Draille de la pouilleuse	5,00	5,00	4,50	4,25	4,00	3,75	3,50	3,25	3,60	2,75	3,00
MAT DE MISAINE. Nombre des haubans	10.	9.	8.	8.	8.	7.	7.	7.	6.	5.	5.
Grosseur	9,75	9,50	9,00	8,50	8,00	8,00	7,00	7,25	6,50	5,50	6,50
Diamètre des caps de mouton	16,00	15,00	14,00	13,00	12,50	12,00	11,50	11,50	10,00	10,00	10,50
Grosseur de l'étai	16,00	15,00	14,00	13,50	13,50	13,00	12,50	10,00	9,00	8,00	9,50
Diamètre de ses moques	18,00	17,00	17,00	16,00	16,00	12,00	11,00	10,00	10,00	9,00	10,00
Grosseur du faux étai	10,50	9,88	9,36	8,42	8,22	7,60	7,18	6,50	5,00	5,50	6,25
Diamètre de ses moques	11,00	10,00	10,00	9,00	9,00	8,00	7,00	7,00	6,00	6,00	7,00
MAT D'ARTIMON. Nombre des haubans	7.	6.	6.	5.	5.	5.	5.	4.	4.	"	4.
Grosseur	7,00	6,75	6,50	6,25	6,00	5,50	5,00	5,00	4,25	"	3,75
Diamètre des caps-de-mouton	10,00	9,75	8,75	8,75	8,50	7,75	7,50	7,50	7,00	"	7,00
Grosseur de l'étai	10,00	9,00	8,00	7,50	6,50	6,50	6,00	6,50	6,00	"	4,75
Diamètre de sa cosse ou moque	11,00	10,00	10,00	9,00	8,00	8,00	7,00	7,00	5,00	"	7,00
MAT DE BEAUPRÉ. Nombre des haubans	1.	1.	1.	1.	1.	1.	1.	1.	1.	1.	1.
Grosseur	8,83	8,31	7,95	7,08	7,00	6,39	6,05	5,50	3,00	4,64	5,25
Diamètre des caps-de-mouton	14,00	13,00	12,00	11,50	11,50	10,50	10,50	10,00	7,00	9,00	9,50
Hauban du bâton de foc	2.	2.	2.	2.	2.	2.	2.	1.	2.	1.	1.
Grosseur	4,25	4,00	3,75	3,50	3,25	3,25	3,25	3,25	2,75	2,75	3,00
Diamètre des poulies et de leurs palans	"	"	"	"	"	"	"	"	"	"	"
Sous-barbe et fausse sous barbe	10,98	10,31	9,87	8,79	8,57	7,92	7,49	6,50	5,00	5,75	6,50
GA. ET Nombre des haubans	12.	12.	10.	10.	10.	10.	10.	10.	8.	6.	8.
Grosseur	5,50	5,25	5,00	4,50	4,25	4,00	3,50	4,25	4,00	2,50	3,00
Diamètre des caps-de-mouton	8,00	8,00	7,50	7,00	7,00	6,50	6,50	6,00	5,75	5,00	5,75

SUITE DE LA TABLE ONZIÈME.

NOMS DES MATS ET DES MANOEUVRES.	NUMÉROS DES VAISSEAUX.					NUMÉROS DES FRÉGAT		NUMÉROS DES CORVET		BRICKS	
Nota. *Les circonférences et les diamètres sont exprimés en pouces et centièmes; les étais et haubans sont en grelins.*	1 2.	3 4.	5 6.	7 8.	9 10.	11 12.	13 14.	15 16.	17 18.	de can.	de 14 can.
DU PETIT HUNIER.											
Diamètre des caps-de-mouton	10,32	10,32	10,32	9,38	7,51	7,51	7,51	7,51	6,57		
Faux galhaubans à itague	2.	2.	2.	2.	2	2.	2.	2.	2.		
Diamètre de leurs 8 poulies fausses et simples.	11,26	11,26	11,26	11,26	9,38	9,38	9,38	7,58	7,50		
Grosseur des garans de palans.	2,82	2,82	2,82	2,82	2,35	2,35	2,35	1,88	1,88		
Grosseur de leur itague.	4,69	4,69	4,69	3,75	3,28	3,28	3,28	3,28	2,82		
Diamètre de la poulie simple des faux étais.	15,01	15,01	15,01	14,08	11,26	11,26	10,32	10,32	10,32		
Faux galhaubans volans à palan.	2	2.	2.	2.	2.	2.	2.	2.	2.		
Grosseur des faux galhaubans volans à palan.	4,69	4,69	4,69	3,75	3,28	3,28	3,28	2,82	1,88		
Draille de la voile d'étai de hune	3,75	3,75	3,75	3,28	2,82	2,82	2,82	2,82	2,35		
MAT DU PERROQUET DE FOUGUE.											
Nombre des haubans	4.	4.	4.	4.	4.	4.	4.	3.	3.		
Grosseur.	4,22	4,22	4,22	3,75	3,28	3,28	3,28	2,82	2,35		
Diamètre des caps-de-mouton.	7,51	7,51	7,51	6,80	6,57	6,57	5,63	5,63	4,69		
Grosseur de l'étai.	4,69	4,69	4,69	4,22	3,75	3,75	3,75	3,75	2,32		
Diamètre de sa poulie simple.	13,14	13,14	13,14	12,20	11,26	11,26	10,32	9,38	cosse.		
Galhaubans dormans et volans.	4.	4.	4.	4.	3.	3.	3.	3	3.		
Grosseur.	4,22	4,22	4,22	4,00	3,28	3,28	3,28	3,28	2,35		
Diamètre des caps-de-mouton.	7,51	7,51	7,51	7,51	5,63	5,63	5,63	5,63	4,69		
Id. des poul. doub. et simp. p^r les galhaub. vol.	8,45	8,45	8,45	7,51	6,57	6,57	6,57	6,57	5,63		
MATS DU GRAND ET DU PETIT PERROQ.											
Nombre des haubans	6.	6.	6.	6.	6.	6.	6.	6.	6.		
Grosseur des haubans.	3,75	3,75	3,75	3,28	3,28	3,28	2,82	2,82	2,35		
Nombre des cosses en fer pour les haubans.	12.	12.	12.	12.	12	12.	12	12.	12.		
Grosseur des étais.	4,22	4,22	4,22	3,75	3,75	3,75	3,75	3,75	2,82		
Diamètre de leurs poulies simples.	12,20	12,20	12,20	11,26	11,26	11,26	10,32	9,38	cosses.		
Nombre des galhaubans et faux galhaubans.	6.	6.	6.	6.	6.	6.	6.	6.	6.		
Grosseur des galhaubans et faux galhaubans.	3,75	3,75	3,75	3,28	2,82	2,82	2,82	2,82	2,35		
Diamètre des caps-de-mouton.	6,57	6,57	6,57	5,63	5,63	5,63	5,53	5,63	cosses.		
MAT DE PERRUCHE.											
Nombre des haubans.	2.	2.	2.	2.	2.	2	2.	2.	2.		
Grosseur.	2,82	2,35	2,35	2,35	1,88	1,88	1,88	1,88	1,41		
Nombre des cosses en fer.	4.	4.	4.	4.	4.	4.	4.	4.	4.		
Grosseur de l'étai.	2,82	2,82	2,82	2,82	2,35	2,35	2,35	2,35	1,88		
Nombre des galhaubans et faux galhaubans.	3.	3.	3.	3.	3.	3.	3.	3.	3.		
Grosseur des galhaubans et faux galhaubans.	2,35	2,35	2,35	2,35	1,88	1,88	1,88	1,88	1,41		
Cosses en fer pour l'étai.	»	»	»	»	»	»	»	»	»		

NOMS DES MATS ET DES MANŒUVRES.	NUMÉROS DES VAISSEAUX.					NUMÉROS DES FRÉGAT.		NUMÉROS DES CORVET.		BRICKS ET GABARRES.	
Nota. *Les circonférences et les diamètres sont exprimés en pouces et centièmes; les étais sont en grelins à 12 tourons, 4 cordons. Les haubans sont en filain à 4 tourons et mèches.*	1 à 3.	4.	5.	6.	7.	9.	10.	13.	14.	16-18 can.	450 tonn.
PETIT MATS DE HUNE											
Grosseur des étais	8,50	8,00	7,50	7,00	7,00	6,00	6,00	6,00	5,25	4,00	4,50
Grosseur des faux étais	5,90	5,56	5,53	4,75	4,62	4,28	4,04	4,50	4,00	3,10	3,50
Diamètre des cosses ou poulies simples	»	»	»	»	»	»	»	4,50	»	»	»
Grosseur des drailles	4,50	4,50	4,50	4,25	4,00	3,50	3,50	3,25	2,75	2,75	3,00
Nombre des galhaubans et faux galhaubans .	10.	10.	10.	10.	10.	10.	10.	10.	8.	8.	»
Grosseur	7,00	6,50	6,00	5,50	5,50	5,50	5,00	5,25	5,00	3,50	4,00
Diamètre des caps-de-mouton	9,50	9,00	8,75	8,50	8,00	8,00	7,75	7,75	7,50	7,00	7,50
Diamètre des poulies simples	»	»	»	»	»	»	»	»	»	»	»
Grosseur de l'étague des faux galhaubans .	7,25	6,50	6,50	6,25	6,00	5,50	5,50	5,00	3,25	4,50	4,75
Gross. des garans de palans pour *idem*. . . .	3,50	3,25	3,25	3,00	2,75	2,75	2,75	2,50	2,25	2,25	2,50
Diamètre des huit poulies pour *idem*. . . .	»	»	»	»	»	»	»	»	»	»	»
Grosseur des guinderesses	10,00	10,00	9,00	8,00	7,50	6,75	6,50	6,00	5,25	4,00	4,75
MAT DU PERROQ. DE FOUGUE.											
Nombre des haubans	5.	4.	4.	4.	4.	4.	4.	4.	3.	»	3.
Grosseur	4,00	3,50	3,50	3,00	2,64	2,45	2,30	3,25	2,75	»	2,00
Diamètre des caps-de-mouton	7,00	7,00	6,50	6,00	6,00	6,00	5,50	6,00	5,00	»	5,00
Grosseur de l'étai	4,50	4,00	3,50	3,00	3,00	2,50	2,50	4,00	3,25	»	2,25
Nombre des galhaubans et faux galhaubans .	4.	4.	4.	4.	4.	4.	4.	4.	3.	»	3.
Grosseur	4,50	4,00	3,50	3,50	3,00	3,00	3,00	3,75	3,25	»	2,50
Diamètre des caps de mouton	7,50	7,00	7,00	6,50	6,50	6,25	6,00	6,25	5,25	»	5,25
GA. ET PET. MAT DE PERROCHE											
Nombre des haubans	6.	6.	6.	6.	6.	6.	6.	6.	4.	4.	4.
Grosseur	3,00	2,50	2,50	2,00	2,00	2,00	1,75	2,75	2,75	1,50	1,75
Nombre des cosses en fer	12.	12.	12.	12.	12.	12.	12.	8.	8.	8.	8.
Grosseur de l'étai	3,50	3,50	3,00	2,50	2,50	2,50	2,50	3,25	3,00	2,50	2,50
Nombre des galhaubans	6.	6.	6.	6.	6.	6.	6.	6.	6.	6.	6.
Grosseur	3,50	3,50	3,00	3,00	2,50	2,50	2,50	3,25	3,00	2,00	2,00
Diamètre des caps de mouton	6,50	6,50	6,25	6,25	5,25	5,25	4,50	6,25	4,50	4,50	4,50
MAT DE PERROCH.											
Nombre des haubans	3.	3.	3.	3.	3.	3.*	3.	2.	2.	»	2.
Grosseur	2,50	2,00	2,00	2,00	1,75	1,75	1,75	2,00	1,75	»	1,50
Nombre des galhaubans et faux galhaubans .	3.	3.	3.	3.	3.	3.	3.	3.	2.	»	2.
Grosseur	3,00	3,00	2,75	2,50	2,25	2,25	2,25	2,00	2,25	»	2,00
Diamètre des caps-de-mouton	6,25	6,25	5,50	5,50	5,00	5,00	5,00	4,50	4,50	»	4,50
Grosseur de l'étai	3,00	3,00	2,50	2,25	2,25	2,25	2,00	2,50	2,00	»	1,75

TABLE TREIZIÈME,

Contenant la grosseur des principales manœuvres courantes d'un bord et le nombre de poulies dans lesquelles elles passent dans le gréement des bâtimens de guerre anglais.

NOMS DES MANŒUVRES.	VAISSEAUX, Nᵒˢ.						FRÉGATES, Nᵒˢ.				CORVETTES, Nᵒˢ.			
	1 à 6.		7 et 8.		9 et 10.		11 et 12.		13 et 14.		15 et 16.		17 et 18.	
Nota. *Dans la table anglaise, la longueur et la qualité des poulies sont données. Les circonférences des cordages sont en pouces et centièmes.*	Nombre de manœuvr.	Grossᵣ. en pouces.	Nombre de poulies.	Grossᵣ. en pouces.	Nombre de manœuvr.	Grossᵣ. en pouces.	Nombre de poulies.	Grossᵣ. en pouces.	Nombre de poulies.	Grossᵣ. en pouces.	Nombre de poulies.	Grossᵣ. en pouces.	Nombre de poulies.	Grossᵣ. en pouces.	Nombre de poulies.
Itag. de candel. du gr. mât et mât de misᵉ.	2	7,04	6	6,10	6	5,16	6	5,16	6	5,16		4,69	4	3,75	4
Garans de candelettes de *idem.*	2	5,75	8	3,75	8	2,82	8	2,82	8	2,82		2,82	4	2,35	4
Garans de candelettes d'artimon.	1	2,82	4	2,82	4	2,35	4	2,35	4	2,35		2,35	4	1,88	4
Drisses de misaine.	1	7,04	2	6,10	2	5,16	2	5,16	1	7,51.2,82	1	7,04.2,82	7	6,57.2,35	7
Drisses de grandes vergues.	1	7,51	2	6,57	2	5,63	2	5,63	1	7,51.2,82	1	7,04.2,82	7	6,57.2,35	7
Drisses de la vergue d'artimon.	1	5,63	2	4,69	2	4,22	2	3,75	2	3,75	2	3,28	2	2,82	2
Martinet.	1	4,22	1	3,75	1	3,28	1	3,28	1	3,28	1	3,28	1	2,82	1
Pantoir du palan d'étai.	1	5,63	2	5,63	2	5,16	2	5,16	2	4,69	2	4,69	1	4,69	1
Garant du palan d'étai.	1	3,28	3	3,28	3	2,82	3	2,82	3	2,82	3	2,82	3	2,82	3
Garant du palan d'étai de misaine.	1	3,28	4	3,28	4	2,82	4	2,82	2	2,82	2	2,82	4	2,82	4
Palans de bouts de vergues.	2	3,28	4	3,28	4	2,82	4	5,16	2	5,16	2	5,16	2	4,69	2
Pantoirs pour *idem.*	2	6,57	3	6,10	3	5,16	3	4,69.2,82	3	4,69.2,82	3	4,69.2,82	3	4,69.2,82	2
Drosses de grande vergue.	1	5,63.3,28	3	5,63.3,28	3	4,69.2,82		6,10	1	6,10	1	5,63	1	5,16	1
Amure de misaine.	1	8,91	1	7,51	1	6,10	1	6,57	1	6,57	1	6,10	1	5,64	1
Amure de grande voile.	1	9,38	1	7,93	1	6,57	1	4,69	1	4,69	1	4,69	1	4,22	1
Écoute de misaine.	1	6,57	2	5,63	2	4,69	2	5,16	2	5,16	2	5,16	2	4,69	2
Écoute de grande voile.	1	7,04	2	6,10	2	5,16	2	2,82	2	2,82	2	2,82	2	2,82	2
Écoute d'artimon en palan.	1	4,22	2	3,75	2	3,28	2	3,28	2	3,28	2	2,82	2	2,82	1
Bras de misaine.	1	4,22	2	4,69	2	4,22	2	4,22	1	4,22	1	3,75	1	3,75	1
Pantoir du bras de misaine.	1	5,16	1	3,75	1	3,28	1	3,28	1	4,22	1	3,75	1	3,75	1
Grand bras.	1	4,22						4,22		4,22				1,41	
Pantoir du grand bras.								1,88		1,88		1,88		1,88	
Bras de la vergue sèche.	1	2,35	1	2,35	1	1,88	1	2,35	1	2,35	1	2,35	1	1,88	
Pantoir pour *idem.*	1	3,28	1	3,28	1	2,34	1	3,28	3	3,28	3	3,28	3	2,82	3
Balancines de grande vergue.	1	4,22	3	3,75	3	3,28	3	3,28	3	3,28	3	3,28	3	2,82	3
Balancines de misaine.	1	4,22	3	3,75	3	1,88	3	1,88	2	1,88	2	1,88	2	1,41	2
Balancines de la vergue sèche.	1	2,34	6	2,34	6	1,88	6	2,82	6	2,82	6	2,82	6	2,35	6
Carg. points de gr. voile et de misaine.	2	3,75		3,28		2,82	2								
Total des poulies pour un bord, et pour ces manœuvres seulement.			68		68		68		68		72		72		72

TABLE QUATORZIEME,

Contenant la grosseur, la longueur et le poids des principales manœuvres courantes pour un bord seulement, dans les bâtimens de guerre français, selon l'usage actuel du port de Rochefort.

NOMS DES MANOEUVRES.	VAISSEAUX, Nos. 1. Nombre de manœuvr.	Longueur en brasses.	Grosseur en pouces.	Poids en livres.	4. Nombre de manœuvr.	Longueur en brasses.	Circonfér. en pouces.	Poids en livres.	5. Nombre de manœuvr.	Longueur en brasses.	Grosseur en pouces.	Poids en livres.	FRÉG. 9. Nombre de manœuvr.	Longueur en brasses.	Grosseur en pouces.	Poids en livres.	CORVETTES, Nos. 13. Nombre de manœuvr.	Longueur en brasses.	Grosseur en pouces.	Poids en livres.	14. Nombre de manœuvr.	Longueur en brasses.	Grosseur en pouces.	Poids en livres.
Pantoir de candelettes de misaine.	1	6	10,25	121	1	6	9,75	111	1	5 ¾	9,50	101	1	14	8,25	66	1	3 ½	7,25	41	1	2 ½	6,50	22
Garant de candelettes de misaine.	1	84	5,00	435	1	74	4,50	310	1	71	4,50	298	1	57	3,75	165	1	52	3,25	115	1	45	2,75	71
Garant de candelettes d'artimon.	1	51	3,25	113	1	49	3,25	108	1	48	3,00	96	1	38	2,50	49	1	35	2,25	41	1	30	2,00	27
Drisse de la vergue de misaine.	1	80	5,50	504	1	82	5.25	472	1	73	4,75	342	1	62	4.00	267	1	55	3,50	140	1	45	3,00	90
Drisse de la grande vergue.	1	83	5,50	523	1	86	5,25	495	1	77	5,00	399	1	65	4,00	217	1	56	3,50	142	1	50	3,00	100
Drisse de la corne d'artimon.	1	60	4.00	201	1	54	3,75	156	1	64	3,50	162	1	45	2,75	71	1	34	2,75	63	1	28	2,25	33
Drisse du pic.	1	64	4,25	241	1	64	3,75	186	1	70	3,50	178	1	54	3,00	108	1	48	2,75	75	1	36	2,25	42
Pantoir du palan d'étai.	1	16	7,75	197	1	16	7,50	186	1	14	7,25	153	1	10	6,00	72	1	9 ½	5,25	55	1	9	5,00	47
Garant du palan d'étai.	1	82	4,50	344	1	77	4,25	290	1	66	4,00	221	1	54	3,50	137	1	50	3,00	100	1	44	2,50	57
Garant du palan d'étai de misaine.	»	»	»	»	»	»	»	»	»	»	»	»	»	»	»	»	»	»	»	»	»	»	»	»
Garant du palan de bout de vergues.	2	118	4.00	395	2	111	3,75	322	2	105	3,50	267	2	80	3,00	160	2	70	2,75	110	2	60	2.25	70
Pantoir pour *idem*.	2	14	5.50	88	2	14	5,50	88	2	12	5,50	76	2	10	4,25	38	2	10	4,00	33	2	8	3.50	20
Drosse de grande vergue.	1	11	8,00	14[illegible]	1	10 ½	7,75	130	1	10	7,50	116	1	7 ½	6,25	59	1	7 ½	5,50	47	1	7	4,50	29
Garant de palan de drosse.	1	50	3,75	145	1	50	3,50	127	1	45	3,25	99	1	35	2,75	55	1	20	2,50	26	1	18	2,00	16
Amure de misaine.	1	53	5,00	275	1	52	5,00	270	1	49	4.75	23[illegible]	1	42	3,50	107	1	38	3,25	84	1	33	3,25	73
Amure de grande voile.	1	58	5.50	366	1	55	5,00	285	1	53	5.00	275	1	44	3,75	128	1	40	3,25	92	1	35	3,25	77
Écoute de misaine.	1	53	6,25	419	1	52	6,00	373	1	49	6,00	351	1	42	4,50	176	1	38	4,25	143	1	33	4,00	110
Écoute de grande voile.	1	58	6,50	503	1	55	6,25	434	1	53	6.25	419	1	44	5,00	228	1	40	4.25	151	1	35	3,00	117
Écoute d'artimon en palan.	1	»	4,25	»	1	»	4,00	»	1	»	3,75	»	1	»	3,00	»	1	»	2,75	»	1	»	2,50	»
Bras de misaine.	1	71	4,50	298	1	73	4,25	274	1	70	4,25	[illegible]	1	[illegible]	[illegible]	[illegible]	1	46	[illegible]	102	1	[illegible]	2,25	38
Pantoir de bras de misaine.	1	»	»	»	1	»	»	»	1	»	»	»	1	»	»	»	1	»	»	»	1	»	»	»
Grand bras.	1	76	5,00	394	1	78	4,50	327	1	75	4,50	315	1	56	3,50	142	1	46	3,25	102	1	36	2,75	57
Pantoir de grand bras.	1	»	»	»	1	»	»	»	1	»	»	»	1	»	»	»	1	»	»	»	1	»	»	»
Bras de la vergue sèche.	1	50	3,00	100	1	49	2,75	77	1	48	2,50	62	1	37	2,25	43	1	33	2,25	39	1	25	1,75	18
Pantoir pour *idem*.	1	»	»	»	1	»	»	»	1	»	»	»	1	»	»	»	1	»	»	»	1	»	»	»
Balancine de grande vergue.	1	28	6.50	243	1	27	6,25	213	1	24	6,25	190	1	18	5,00	93	1	16	4.50	67	1	14	3,75	41
Balancine de la vergue de misaine.	1	25	6,50	217	1	24	6,25	190	1	22	6,25	174	1	17	5,00	88	1	15	4,50	63	1	13	3.50	33
Balancine de la vergue sèche.	1	29	4,00	97	1	29	3,75	84	1	27	3,75	78	1	25	3.25	55	1	21	3.00	42	1	8	2,50	10
Cargues-points de la grande voile.	1	60	4,25	226	1	59	4,00	197	1	57	3,75	165	1	45	3.25	99	1	42	2,25	49	1	32	2,25	37
Cargues-points de la misaine.	1	58	4,00	194	1	56	3,75	162	1	56	3,50	142	1	43	3,25	95	1	38	2,25	45	1	28	2,25	33

SUITE DE LA TABLE TREIZIÈME.

NOMS DES MANOEUVRES.	Nbre de man.	VAISSEAUX, Nos. 1 à 6. Grossr. en pouces.	Nbre poulies	7 et 8. Grossr. en pouces.	Nbre poulies	9 et 10. Grossr. en pouces.	Nbre poulies	FRÉGATES, Nos. 11 et 12. Grossr. en pouces.	Nbre poulies	13 et 14. Grossr. en pouces.	Nbre poulies	CORVETTES, Nos. 15 et 16. Grossr. en pouces.	Nbre poulies	17 et 18. Grossr. en pouces.	Nbre poulies
Candelet. du gr. et du pet. mât de hun.	2	2,35	2	2.35	2	2.35	2	1,88	2	1,88	2	1,88	2	1,41	2
Pantoir pour *idem.*	2	5,16	2	4,69	2	4,22	2	3,75	2	3,75	2	3,75	2	2,82	2
Guinder. du pet. et du gr. mât de hunes.	2	8,45	2	7,98	2	6,57	2	6,57	2	6,10	2	6,10	2	5,63	2
Garans de leur caliorne.	2	4,69	4	3,75	4	3,75	4	3,75	4	3,28	4	3,28	4	2,82	4
Guinderesse du perroquet de fougue.	1	5,16	1	4,69	1	4,22	1	4,22	1	4,22	1	4,22	1	3,75	1
Garant de sa caliorne.	2	2,82	2	2,82	2	2,35	2	4,22	2	4,22	2	4,22	2	4,22	2
Itague du grand et du petit huniers.	2	5,63	6	5,16	6	4,22	6	4,22	6	4,22	6	2,35	6	2,35	6
Drisses des deux huniers.	2	3,28	4	3,28	4	2,82	4	2,82	4	2,82	4	2,82	4	2,82	4
Itague du perroquet de fougue.	1	3,75	1	3,28	1	3,28	1	3,28	1	3,28	1	2,82	1	1,88	1
Drisse du perroquet de fougue.	1	2,35	2	1,88	2	1,88	2	1,88	2	1,88	2	4,69	2	4,22	2
Écoute du petit hunier.	1	7,51	2	6,57	2	5,16	2	5,16	2	5,16	2	5,16	2	4,22	2
Écoute du grand hunier.	1	7,98	2	7,04	2	5,63	2	5,63	2	3,28	2	3,28	2	2,82	2
Écoute du perroquet de fougue.	1	4,69	2	4,22	2	3,28	2	3,28	2	2,82	2	2,82	2	2,35	2
Bras du petit hunier.	1	3,28	2	3,28	2	2,82	2	2,82	2	2,82	2	2,82	2	2,35	2
Bras du grand hunier.	1	3,28	2	3,28	2	3,28	2	3,28	2	3,28	2	3,28	2	2,82	2
Pantoirs pour *idem.*	2	4,22	2	4,22	2	1,88	2	1,88	1	1,88	1	1,41	1	1,41	1
Bras du perroquet de fougue.	1	2,35	1	2.35	1	2,35	1	2,35	1	2,35	1	1,88	1	2,35	1
Pantoir pour *idem.*	1	2,82	2	2,82	2	2,82	2	2,82	1	2,82	1	2,82	2	2,35	2
Balancines du grand et petit hunier.	2	3,28	6	3,28	6	2,82	6	2,82	6	2,82	2	1,88	2	1,88	2
Balancines du perroquet de fougue.		2,35	2	2,35	2	1,88	»	1,88	»	1,88	»	»	»	»	»
Tournevire.	1	13,14	»	12,20	»	11,26	»	10,32	»	9,38	»	8,45	»	7,51	»
Marguerite.	1	13,14	»	12,20	1	11,26	1	3,28	2	3,28	»	»	»	»	»
Caliorne.	2	4,69	1	4,22	1	3,28	1	3,28	1	2,98	1	»	»	»	»
Pantoir pour caliorne, ou itague.	1	12,20	1	11.26	1	8,91	1	8,91	1	7,98	1	3,28	1	3,28	1
Garant de capon.	1	9,03	1	4,0	1	3,75	1	3,75	1	3,28	1	5,63	1	5,16	1
Itague de la traversière {manoeuvre	1	9,38	1	8,45	1	7,04	1	7,04	1	3,28	1	3,28	1	2,82	1
Garant de la traversière {particul.re	1	4,22	2	4,22	2	3,28	2	3,28	2						
Rapport de l'autre part.			68		68		68		68		72		72		72
Total des poulies pour un bord et pour ces manoeuvres seulement.			123		123		123		123		122		119		119

Nota. Dans la table anglaise, la longueur et la qualité des poulies sont données.
Les circonférences des cordages sont en pouces et centièmes.

NOMS DES MANŒUVRES.	VAISSEAUX, N°. 1.				VAISSEAUX, N°. 4.				VAISSEAUX, N°. 5.				FRÉG. 9.				CORVETTES, N°. 13.				CORVETTES, N°. 14.			
	Nombre de manœuvr.	Longueur en brasses.	Grosseur en pouces.	Poids en livres.	Nombre de manœuvr.	Longueur en brasses.	Circonfér. en pouces.	Poids en livres.	Nombre de manœuvr.	Longueur en brasses.	Grosseur en pouces.	Poids en livres.	Nombre de manœuvr.	Longueur en brasses.	Grosseur en pouces.	Poids en livres.	Nombre de manœuvr.	Longueur en brasses.	Grosseur en pouces.	Poids en livres.	Nombre de manœuvr.	Longueur en brasses.	Grosseur en pouces.	Poids en livres.
Candelettes du grand mât de hune	1	50	3,00	100	1	50	2,75	79	1	46	2,75	72	1	35	2,25	41	1	31	2,00	27	1	31	1,75	21
Candelettes du petit mât de hune	1	46	3,00	92	1	46	2,75	72	1	40	2,75	63	1	32	2,25	38	1	29	2,00	25	1	27	1,75	19
Pantoir de candelettes du gr. mât de hune	1	5½	6,00	39	1	5	5,75	33	1	5	5,50	31	1	4	5,00	21	1	3½	4,25	13	1	2½	4,00	8
Pantoir de candelettes du pet. mât de hune	1	5	6,00	36	1	5	5,75	33	1	5	5,50	32	1	4	5,00	21	1	3½	4,25	13	1	2	4,00	7
Guinderesse du grand mât de hune	1	96	9,00	1600	1	96	8,75	1477	1	88	8,25	1224	1	70	6,75	662	1	65	6,00	466	1	55	5,25	317
Guinderesse du petit mât de hune	1	96	9,00	1600	1	92	8,75	1415	1	88	8,25	1224	1	70	6,75	662	1	65	6,00	466	1	54	5,00	280
Guinderesse du mât du perroquet de fougue	1	48	5,50	303	1	48	5,00	259	1	40	5,00	208	1	36	4,50	151	1	28	3,75	81	1	20	3,50	51
Itague du grand hunier	1	32	6,00	230	1	32	5,75	214	1	31	5,50	195	1	24	4,50	101	1	26	4,50	109	1	12	4,00	27
Drisse du grand hunier	1	115	3,75	332	1	115	3,50	292	1	106	3,25	234	1	79	2,75	124	1	70	2,50	91	1	51	2,25	60
Itague du petit hunier	1	29	6,00	208	1	30	5,75	200	1	30	5,50	189	1	24	4,50	93	1	24	4,50	101	1	11	3,75	33
Drisse du petit hunier	1	110	3,75	319	1	110	3,50	279	1	101	3,25	223	1	70	2,75	110	1	70	2,50	91	1	46	2,25	54
Itague du perroquet de fougue	1	26	4,50	109	1	24	4,25	90	1	24	4,00	81	1	16	3,75	46	1	14	3,50	36	1	10	3,25	22
Drisse du perroquet de fougue	1	65	2,50	84	1	62	2,50	80	1	58	2,50	75	1	52	2,25	61	1	48	2,00	36	1	25	1,75	18
Écoute du petit hunier, double (* simple)	1	59	5,50	372	1	57	5,25	328	1	55	5,00	285	1	43	4,25	162	1	*29	5,25	165	1	*24	4,00	80
Écoute du grand hunier, double (* simple)	1	64	5,50	304	1	60	5,25	345	1	57	5,00	296	1	45	4,25	169	1	*30	5,25	173	1	*26	4,25	98
Écoute du perroquet de fougue simple	1	45	3,75	130	1	33	5,00	171	1	31	4,50	117	1	25	4,00	84	1	22	3,50	50	1	15	3,00	30
Bras du petit hunier	1	70	4,00	234	1	71	3,25	206	1	68	3,50	173	1	50	3,00	100	1	44	2,75	69	1	40	2,50	52
Pantoir pour idem	1				1				1				1				1				1			
Bras du grand hunier	1	70	4,00	234	1	67	3,75	194	1	65	3,50	165	1	47	3,00	94	1	42	2,75	66	1	40	2,50	52
Pantoir pour idem	1				1				1				1				1				1			
Bras du perroquet de fougue	1	44	2,75	69	1	42	2,50	54	1	40	2,50	52	1	36	2,25	42	1	32	2,00	29	1	28	1,50	15
Pantoir pour idem	1				1				1				1				1				1			
Balancines du grand hunier	1	40	4,50	168	1	40	4,25	150	1	36	4,00	120	1	30	3,50	77	1	26	3,25	57	1	24	2,75	38
Balancines du petit hunier	1	38	4,50	159	1	37	4,25	139	1	33	4,00	112	1	29	3,50	49	1	24	3,00	33	1	22	2,50	30
Balancines du perroquet de fougue	1	30	3,00	54	1	30	3,00	60	1	29	2,75	46	1	25	2,75	39	1	22	2,50	29	1	16	2,00	14
Garant de caliorne	1	90	5,50	562	1	82	5,25	472	1	75	5,00	389	1	60	4,00	207	1	54	3,50	137	1	50	3,00	100
Garant de capon	1	65	6,00	466	1	60	5,50	348	1	57	5,50	357	1	47	4,50	197	1	42	3,50	107	1	30	3,00	60
Tournevire	1	78	12,00	2160	1	69	11,25	1813	1	64	10,00	1231	1	54	9,00	876	1	47	7,75	581	1	42	6,50	364
Marguerite (guinderesse)	1	96	9,00	1600	1	96	8,75	1477	1	88	8,25	1224	1	70	6,75	662	1	65	6,00	466	1	55	5,25	317
Traversière	1	8	8,00	99	1	7	7,75	86	1	6	7,25	66	1	5	6,25	39	1	4	6,00	29	1	4	5,25	23

TABLE QUINZIÈME,

Contenant la grosseur et le nombre de câbles avec le poids des ancres accordées à chaque bâtiment de guerre anglais par les derniers règlemens.

(Les grosseurs sont en pouces.)

NUMÉROS.	1 et 2.	3 et 4.	5.	6.	7.	8.	9.	10.11.	12.	13.	14.	15.16.	17.	18.
Longueur moyenne.	176,40	167,72	170,78	170,78	158,58	150,13	137,00	133.60	133,72	118,23	113,07	104,43	103,22	99,46
Largeur moyenne en dehors des bordages.	49,26	46,45	46,45	45,63	44,03	41,75	38,00	36,50	35,66	33,16	31,44	29,20	27,68	26,27

POUR QUEL SERVICE.	Nombre et grosseur.	Nombre et grosseur.	Nombre et grossr.	Nombre et grossr.	Nombre et grossr.	Nombre et grossr.	Nombre et grossr.	Nombre et grossr.	Nombre et grossr.	Nombre et grossr.	Nombre et grossr.	Nombre et grossr.	Nombre et grossr.	Nombre et grossr.
Pour le long cours.	10 22.52	10 22.52	8 21,58	8 21,58	8 20,64	8 20,64	8 19,71	7 16,42	7 16,42	7 15,48	6 15,01	6 13,60	6 13,14	6 12,67
Pour la Manche.	7 22,52	7 22,52	6 21,58	6 21,58	6 20,64	6 20,64	6 19,71	6 16,42	6 16,42	6 15,48	5 15,01	5 13,60	5 13 14	5 12,67
	1 14,08	1 14,07	1 13,61	1 13,61	1 12,17	1 12,17	1 12,17	1 11,26	1 9,38	1 8,91	1 8,44	1 7,51	1 7,04	1 7,04
Pour le service de long cours et celui de la Manche.	2 8,44	2 8,44	2 7,51	2 7,51	2 7,51	2 7,51	2 7,04	2 5,63	2 5,16	2 5,16	2 4,69	2 4,69	1 4,22	1 4,22
	1 7,04	1 7,04	1 6,10	1 6,10	1 6,10	1 6,10	1 5,63	1 4,22	1 4,22	1 3,75	1 3,75	1 3,75	1 3,28	1 3,28
	1 6,10	1 5,63	1 4,69	1 4,69	1 4,69	1 4,69	1 3,75	1 3,28	1 3,28	1 3,28	1 2,82	» 2 82	»	»
	1 4,22	1 4,22	1 3,75	1 3,75	1 3,75	1 3,75	»	»	»	»	»	»	»	»

ANCRES.	Livr.	Livr.	Livr.	Livr.	Livr.	Livr.	Livr.	Livr.	Livr.	Livr.	Livr.	Livr.	Livr.	Livr.
Pour le service de long cours.	4 8106	4 7575	4 7575	4 7368	4 6963	4 5916	4 5485	4 4800	4 4131	4 3548	4 3217	4 3061	3 2386	3 2075
	1 2179	1 1808	1 1808	1 1816	1 1660	1 1557	1 1141	1 1038	1 1038	1 882	1 830	1 778	1 726	1 726
	1 1092	1 934	1 882	1 882	1 778	1 778	1 571	1 519	1 519	1 441	1 415	1 363	1 415	1 363
	1 536	1 467	»	»	»	»	»	»	»	»	»	»	»	»

TABLE SEIZIÈME,

Contenant la grosseur et le nombre de câbles avec le poids des ancres accordés à chaque bâtiment de guerre français, par le règlement de 1807.

(Les grosseurs sont en pouces.)

	6.	7.	9.	10.	12.	13.	14.		18.
	153,50	142,00	146,00	136,00		120,00	104,00		90,00
	41,67	40,64	37,56	35,50		30,89	26,82		27,33
	Nombre et grosseur.	Nombre et grosseur.	Nombre et grosseur.	Nombre et grosseur.	Nombre et grosseur.	Nombre et grosseur.	Nombre et grosseur.	Nombre et grosseur.	Nombre et grosseur.
	5 21,25	5 19,58	5 18,00	5 17,17	5 16,00	5 15,33	5 13,08	5 12,00	4 11,12
	1 19,58	1 18,00	1 17,17	1 16,00	1 15,33	1 14,08	1 11,5	1 11,08	1 10,00
	2 10,00	2 9,72	2 8,17	2 8,02	2 7,46	2 7,04	1 5,96	2 5,91	2 5,62
	2 9,72	2 9,00	2 7,96	2 7,46	2 7,04	2 6,75	2 5,62	2 5,54	»
	1 8,00	1 7,96	1 7,04	1 6,75	1 6,33	1 5,62	1 5,00	1 5,02	1 4,50
	1 7,42	1 7,04	1 6,75	1 6,33	1 5,62	1 5,00	1 4,50	1 3,17	1 4,08
						Livr.	Livr.	Livr.	Livr.
						2 1473	1 2247	1 2145	2 1532
						1 3269	1 2145	1 2043	1 1328
						1 ...	1 ...	1 ...	613
						1 1021	1 715	1 613	511
						1 919	1 613	1 511	»
						1 409	1 375	1 306	»

TABLES DIX-SEPTIÈME ET DIX-HUITIÈME,

Contenant la grosseur, le nombre de fils de caret, le poids d'une brasse et de chaque pièce de cordage anglais, commis en aussières et en grelins.

AUSSIÈRES EN 3 TOURONS, FILS DE CARET FINS.					AUSSIÈRES EN 3 TOURONS, FILS ORDINAIRES.					GRELINS ET CABLES EN NEUF TOURONS ET TROIS CORDONS.								
Grosseur, en pouc.	Nombre de fils de caret.	POIDS d'une brasse. Livr.	POIDS de 120 brasses. Livr.	POIDS de 135 brasses. Liv r.	Grosseur, en pouc.	Nombre de fils de caret.	POIDS d'une brasse. Livr.	POIDS de 120 brasses. Livr.	POIDS de 135 brasses. Livr.	Grosseur, en pouc.	Nombre de fils de caret.	POIDS d'une brasse. Livr.	POIDS de 120 brasses. Livr.	POIDS de 113,7 brasses. Livr.	Grosseur, en pouc.	Nombre de fils de caret.	POIDS d'une brasse. Livr.	POIDS de 120 brasses. Livr.	POIDS de 112,7 brasses. Livr.
»	»	»	»	»	0,70	6	0,186	22,50	25,3a	2,82	54	1,995	239,58	227,00	13,14	1026	38,038	4564,67	4325,03
»	»	»	»	»	0,94	9	0,274	31,89	37,00	3,28	72	2,648	317,81	301,13	13,61	1098	40,712	4885,41	4628,93
»	»	»	»	»	1,41	18	0,55;	66,80	75,15	3,75	90	3,203	384,38	364,13	14,08	1170	43,354	5202,48	4930,05
»	»	»	»	»	1,88	27	0,83;	100,48	113,04	4,22	108	4,001	480,14	454,93	14,54	1251	46,3-6	5565,15	5272,96
»	»	»	»	»	2,35	4;	1,31	15?,30	176,97	4,69	135	5,003	600,50	568,89	15,01	132a	48,512	5821,40	5515,78
2,82	75	1,853	222.36	250,16	2,8a	60	1,8;3	224.76	225,94	5,16	162	6,23;	780,07	708,79	15,48	1413	52,381	6285,71	5955,71
3 28	102	2,526	303,08	3;0.96	3,28	78	2,436	292,3?	328,92	5,63	189	7,000	8;9,99	795,69	15,95	15o3	55,738	6688,5?	6336,62
3,75	13a	3,2;4	39?,85	4;1 95	3,75	105	3,2;4	39?,85	441,95	6,10	216	8,010	961,2;	910,78	16,4a	1593	58,729	7047,47	6677,68
4,22	168	4,166	499,91	562,50	4,22	132	4,118	494,15	551,90	6,5-	252	9 3;7	121,61	1062,;3	16,89	1683	62,406	7488,70	7095,54
4,69	204	5,062	607,42	683,35	4,69	162	5,058	606,98	682,85	7,04	288	10,772	1286,8?	1219,5;	17,36	1782	66,07;	7928,53	7512,28
5,16	219	6,1;;	7;1,22	833,8-	5,16	195	6,081	729,69	820,90	7,51	333	12,33;	1480,49	1402,;-6	17,83	1881	69,7;5	8369,4;	7930,;7
5,63	29;	858.1;	665,4;	5,63	231	7,208	864,95	973,05	7,98	3;8	14,016	1681,93	1;93.63	18,35	198a	7;,4o5	8808,61	8346,15
6 10	3;5	8,545	1025.45	1153,63	6,10	273	8,524	1022,89	1150,75	8,45	4;3	15,258	1890,91	1;92,64	18,77	2079	77,080	9249,62	8764,02
6,57	399	9,866	1185,95	1314,20	6,57	315	9,835	1180,19	1327,71	8,91	468	17,3;3	2070,7;	1969,58	19,24	218-	81,089	9730,-3	9219,87
7,04	;59	11,378	1365,3;	1535,23	7,04	366	11,428	13;7,35	15;2,;-	9,38	522	19,354	23;2,4;	2200,50	19,7;	2295	85,095	10210,86	967;,79
7,51	522	12,9?;	1552.45	1;46,50	7,51	414	12,967	1551,61	1745,58	9,85	5;6	21,359	2562,98	2428,43	20,17	2403	89,102	10692,18	10130,8?
7,98	591	14,796	17;5,52	1977,71	7,98	45;	14,656	175;,52	1977,21	10,3a	63o	23,355	28o2,56	2655,;3	20,6;	2520	93,43;	11212,4;	10623,76
8,45	660	16,35;	1963,50	2207,81	8,4;	525	16,38o	1966,69	2212,55	10,59	684	25,359	3o43,11	2883,35	21,11	2636	97,030	11643,5;	11032,26
8,91	-38	18,136	2;76,34	2449,19	8,91	585	18,263	2191,52	2465,49	11,26	747	27,739	3398,66	3153,90	21,58	2763	100,582	12069,;8	11436,12
9,38	816	20,219	2;26,26	2729,55	9,38	648	20,23a	2427,89	2731,40	11,73	810	29,3;3	3521,29	3336,42	22,05	2880	105,797	12695,6;	12029,10
»	»	»	»	»	»	»	»	»	»	12,20	882	32,628	3915,37	3709,81	22,5a	3006	111,006	13320,68	12621,35
»	»	»	»	»	»	»	»	»	»	12,67	954	35,3;4	4;44,91	4022,05	»	»	»	»	»

Contenant le nombre de fils de caret, la grosseur, le poids d'une brasse et celui de chaque étai en 12 tourons et 4 cordons, servant aux bâtimens de guerre anglais. Nota. La mèche = un touron.

EN FILS DE CARET FINS.												EN FILS DE CARET ORDINAIRES.											
Grosseur en pouc.	NOMBRE de fils en chaque Touron.	NOMBRE de fils en chaque Pièce.	Poids d'une brasse. Livr.	Longueur de l'étai en brasses.	Poids de chaque étai. Livr.	Grosseur en pouc.	NOMBRE de fils en chaque Touron.	NOMBRE de fils en chaque Pièce.	Poids d'une brasse. Livr.	Longueur de l'étai en brasses.	Poids de chaque étai en livres.	Grosseur en pouc.	NOMBRE de fils en chaque Touron.	NOMBRE de fils en chaque Pièce.	Poids d'une brasse. Livr.	Longueur de l'étai en brasses.	Poids de chaque étai en livres.	Grosseur en pouc.	NOMBRE de fils en chaque Touron.	NOMBRE de fils en chaque Pièce.	Poids d'une brasse. Livr.	Longueur de l'étai en brasses.	Poids de chaque étai en livres.
3,75	9	11;	3,902	3;,16	145,00	11,26	72	936	2 9?;	9,01	252 02	3,75	7	91	3,703	23.65	87,56	11,26	58	75;	27,9?;	22,5a	630,04
4,22	11	14;	4.;76	15,76	6;,4;	11,73	78	1004	30,4;;	18,58	565,65	4,22	9	117	4 388	14,6;	62,7;	11,73	63	819	30,4;5	23,65	710,9;
4,69	13	169	4.915	15,76	12,20	85	1105	33,236	18,58	6;-,63	4,69	11	14;	4,93;	18,02	88,9;	12,20	68	88;	33,188	13,51	488,4;
5,16	16	208	6,1;1	29,28	18,6-	12,6-	91	1183	35,28a	18 58	655,5a	5,16	13	169	6,1;;	2;,77	122,88	12,6-	73	919	35,38o	18.58	65?,3;
5,63	19	247	7,406	2;,3;	158,4;	13,14	98	12-;	851	14,6;	554,06	5,63	15	195	7.4;5	2?,02	200,13	13,14	78	1014	37,85;	19,14	-74,5;
6,10	22	286	8.5;6	15, 6	13,61	105	13,6;	864;	40,866	16,89	6y;,26	6,10	17	221	8,4;;	2?,02	217,9;	13,61	84	1092	40,866	16,89	609,2;
6,5-	25	3;5	9,67;;	26,96	260,8;	14 08	113	1469	3,6;3	15,76	68-,68	6 5-	20	26o	9,649	2;,65	2;2-9;	14,08	91	117o	3,6;3	15,76	68-.68
7,04	29	3;7	11,1 8	2o,28	13,1;	55	120	1560	46,6;6	2o,2;	966.;5	7,04	23	299	11,;-2	2;,28	2;6,18	15,95	96	1258	46 69-	2o,2;	9;6,;5
7,51	33	4;9	12.2;	1;,51	164 9;;	15,01	128	1664	49 -8a	20,2;	1008.90	7,51	26	338	14,;;;	2;,28	3;3,39	16,89	103	1339	49 -8a	20,2;	1008.99
7,98	3;	481	14,490	18,02	259,4;;;	15,48	138	1,68	5,8-;	16,33	863,3;	7,98	29	1;;	16,-5;	25,28	4;3,;	15,48	109	14;;	52.868	16,89	89;.94
8,45	41	33	16,01;5	18,;2	289,-	15,95	1;5	1889	56.3-;	2o,2;	1205 98	8 45	33	4;9	18.1;	; 88	;;,36	16,38	11;	1;0;	56,08-	18,02	1015,4;
8,91	46	5;8	18,25;	7,88	14a 89	16 42	1;3	1989	;y 2;8	18,02	106;,3;	8,91	36	68	18.1;;;	1 64	26; 99	16 12	122	1586	59,2;;	18,02	106;,3;
9 1;	50	663	19,7 ;8	1;,76	3;1 ;1	16 89	162	2106	62,866	19,1;	1203,;	9 1;	4 51o	20,3;	18 02	3;o,;;	16,89	13o	62,8;5	19,1;	12o;,9;		
9 85	5;	-38	20.496	18 02	369 2;	16 89	1 8	222;	66,5o2	2;,8;	16;2,;	9 85	5-.;9;	18.02	36;,2;	17,31	136	-68	66,100	2; 85	16;2,;		
10,3;	62	8;6;	2,2;;	18,02	4;;,3a	;,83	180	2340	69,;;;	2;,85	1732,6	10,32	18,6;	2;,;?;	19,1;	46;,65	17,83	14;	1872	69,7;;	2;,85	1732,61	
10,79	6;	8;;	26,14;;	21,3;	;58 92	»	»	»	»	»	»	10,;9	53	689	26,11;	17,45	4;5,85	»	»	»	»	»

TABLE DIX-NEUVIÈME,

Contenant la grosseur, le nombre de fils de caret et le poids du cordage français, conformément à l'usage du port de Brest.

Pièces de haubans et d'aussières à 4 tourons et mèche, commises entre le tiers et le quart.

GROSSEUR en pouces.	NOMBRE de fils de caret.	POIDS d'une brasse. Liv.	POIDS de la pièce de 120 brass.
4,00	84	3,344	401,24
4,50	108	4,195	503,44
5,00	140	5,188	622,50
5,25	156	5,758	690,94
5,50	168	6,305	756,55
5,75	184	6,672	800,63
6,00	200	7,172	860,63
6,25	216	7,898	947,81
6,50	236	8,664	1039,69
6,75	248	9,453	1134,37
7,00	272	10,188	1222,50
7,25	288	10,953	1314,37
7,50	308	11,594	1391,24
7,75	328	12,336	1480,31
8,00	352	13,180	1581,55
8,25	376	13,914	1669,69
8,50	400	14,648	1757,81
8,75	420	15,383	1845,94
9,00	448	16,227	1947,19
9,25	472	16,316	1960,31
9,50	500	17,703	2124,37
9,75	524	18,539	2224,69
10,00	552	19,273	2312,81
10,25	»	20,219	2426,24
Aussières en trois tourons, commises entre le tiers et le quart.			
1,00	6	0,258	30,34
1,50	12	0,531	63,74
2,00	21	[illegible]	[illegible]
2,25	24	1,172	140,63
2,50	30	1,297	155,63
2,75	36	1,570	188,44
3,00	45	2,000	240,00
3,25	»	2,211	265,31
3,50	»	2,539	304,69
3,75	»	2,898	347,81
4,00	81	3,331	399,78
»	»	»	»
»	»	»	»
»	»	»	»
»	»	»	»
»	»	»	»
»	»	»	»
»	»	»	»

Pièces de tournevires et d'orins à 12 tourons en 4 cordons et mèche, commises au tiers.

GROSSEUR en pouces.	NOMBRE de fils de caret.	POIDS d'une brasse. Liv.	POIDS de la pièce de 120 brass.
5,00	108	4,828	579,37
5,50	132	6,023	722,81
6,00	168	7,320	878,44
6,50	204	8,500	1020,00
7,00	240	9,734	1168,13
7,25	»	10,641	1276,87
7,50	264	11,234	1348,13
7,75	»	11,898	1427,81
8,00	312	12,500	1500,00
8,50	348	14,234	1708,13
9,00	384	16,656	1998,75
9,25	»	17,977	2157,19
9,50	420	18,461	2215,31
9,75	»	20,547	2465,63
10,00	468	22,031	2643,75
10,50	516	23,898	2867,81
10,75	»	24,086	2890,03
11,00	564	25,188	3022,50
11,50	612	27,367	3284,05
12,00	672	29,180	3501,55
Écoutes et drisses à 12 tourons et en 4 cordons, commises au tiers.			
4,00	60	2,773	332,81
4,25	»	3,352	402,19
4,50	84	3,961	475,31
4,75	»	4,164	499,69
5,00	108	4,852	582,19
5,25	»	5,461	655,31
5,50	132	6,031	723,75
5,75	»	[illegible]	[illegible]
6,00	168	7,297	875,63
6,25	»	7,914	949,69
6,50	204	8,500	1020,00
6,75	»	9,172	1100,63
7,00	240	9,734	1168,13
7,25	»	10,613	1275,94
7,50	264	11,234	1348,13
Pièces d'itagnes.			
9,00	448	16,656	1998,74
9,50	500	18,453	2214,37
10,00	552	22,000	2640,00
10,50	608	23,883	1865,94
11,00	»	25,188	3022,50
11,50	»	27,352	3282,19

Pièces d'étais à 12 tourons, en 4 cordons et mèche, commises au tiers.

GROSSEUR en pouces.	NOMBRE de fils de caret.	POIDS d'une brasse. Liv.	POIDS de la pièce de 120 brass.
12,00	672	29,188	3502,50
12,50	732	31,398	3767,81
13,00	792	35,211	4225,31
13,50	852	38,602	4632,19
14,00	924	42,523	5102,81
14,50	984	44,188	5302,50
15,00	1044	45,703	5484,37
15,50	1128	48,117	5774,05
16,00	1200	51,070	6128,44
17,00	1344	65,305	7836,55
18,00	1572	75,461	9055,31
Pièces de guinderesses à 12 tourons et en 4 cordons, commises au tiers.			
4,50	84	3,953	474,37
5,00	108	4,852	582,19
5,25	»	5,453	654,37
5,50	132	6,016	721,87
5,75	»	6,711	805,31
6,00	168	7,297	875,63
6,25	»	7,906	948,74
6,50	204	8,500	1020,00
6,75	»	9,141	1096,87
7,00	240	9,734	1168,13
7,25	»	10,633	1275,94
7,50	264	11,211	1345,31
7,75	»	11,898	1427,81
8,00	312	12,500	1500,00
8,25	»	13,500	1620,00
8,50	348	14,242	1709,05
8,75	»	15,430	1851,55
9,00	384	16,664	[illegible]
9,25	»	17,977	2157,19
9,50	420	18,453	2214,37
9,75	»	20,563	2467,50
10,00	468	22,046	2645,50
10,25	»	22,961	2755,31
10,50	516	23,915	2869,87
»	»	»	»
»	»	»	»
»	»	»	»
»	»	»	»
»	»	»	»
»	»	»	»
»	»	»	»
»	»	»	»

Grelins et câbles à 9 tourons et en trois cordons, commis entre le ⅓ et le ¼.

Grossᵗ. en po.	Nombre de fils de caret.	POIDS d'une brass. Liv.	POIDS de la pièce de 120 brasses.
3,00	45	1,867	224,05
3,50	63	2,484	298,12
4,00	81	3,141	376,87
4,50	99	4,140	496,87
5,00	126	5,609	673,13
5,50	150	6,203	744,37
6,00	180	7,453	894,37
6,50	207	8,688	1052,50
7,00	243	9,532	1142,81
7,50	279	10,641	1276,87
8,00	324	12,414	1489,69
8,50	360	14,070	1688,44
9,00	405	15,242	1829,05
9,50	450	17,391	2086,87
9,75	477	18,281	2193,74
10,00	504	19,047	2285,63
10,50	558	20,750	2490,00
11,00	603	22,297	2675,63
11,50	666	24,000	2880,00
12,00	720	26,898	3227,81
12,50	783	29,836	3580,31
13,00	846	32,281	3873,75
13,50	909	34,070	4088,44
14,00	981	36,305	4356,60
14,50	1053	38,297	4595,63
15,00	1125	40,359	4843,13
15,50	1206	43,492	5219,05
16,00	1287	46,313	5557,50
16,50	1368	50,227	6027,19
17,00	1449	52,898	6347,81
17,50	1530	56,242	6749,05
[illegible]	[illegible]	[illegible]	[illegible]
18,50	1710	63,672	7640,63
19,00	1800	67,227	8067,19
19,50	1899	71,055	8526,55
20,00	1998	74,063	8887,50
20,50	2097	77,758	9330,94
21,00	2205	81,633	9795,94
21,50	2313	85,195	10223,44
22,00	2421	88,875	10665,00
22,50	2529	94,117	11294,05
23,00	2646	98,695	11843,44
23,50	2763	102,24	12269,05
24,00	2880	104,180	12501,55
24,50	2997	108,648	13037,81
25,00	3123	113,188	13582,50

TABLE VINGTIEME,

Contenant le nombre et le poids des canons, caronades et affûts, avec leurs coins de mire, etc.
composant l'artillerie des bâtimens anglais de tous rangs, d'après le dernier règlement.

RANGS DES BATIMENS.	CALIBRES ANGLAIS DE. RÉDUITS EN POIDS FRANÇAIS.	CANONS.					CARONADES. 12 = 11,12		TOTAL des bouches à feu de chaque bâtiment.	POIDS des affûts, coins de mire, etc. de chaque bâtiment, en livres.	POIDS réduit de chaque batterie, en livres.	POIDS TOTAL de l'artillerie et des affûts, de chaque bâtiment, et livres et tonneaux.
N°. 1. Vaiss. à 3 ponts Long'. 178,28 p. Larg'. 48,40	Première batterie. Deuxième batterie. Troisième batterie. Gaillard d'avant. Gaillard d'arrière. Chambre du conseil. Supplément pour les gaillards.	30	30 l.	32 l.	4 c. 4 m.		2 7 6	125	18020 25900 13264 3559 8729 326 2702	17355o 157200 13278 16862 42854 9443 8094	645230 = 322,615 tonn.
N°. 2. Vaiss. à 3 ponts. Long'. 174,53 p. Larg'. 47,48	Première batterie. Deuxième batterie. Troisième batterie. Gaillard d'avant. Gaillard d'arrière. Chambre du conseil. Supplément pour les gaillards.	28	28 l.	30 l. 10 c. 4 m.			2 6 6	114	26152 23240 18705 7292 2490 2802 2802	16198o 16720 105840 34190 13284 8091 8094	561685 = 280,842 tonn. 9
N°. 3. Vaiss. à 3 ponts. Long'. 168,90 p. Larg'. 45,66	Première batterie. Deuxième batterie. Troisième batterie. Gaillard d'avant. Gaillard d'arrière. Chambre du conseil. Supplément pour les gaillards.	28	30 l.	30 l. 10 c.			6 4	110	26152 21795 18705 7242 » 2100 1400	16198o 13386o 105840 34190 » 6228 4152	523644 = 261,822 tonn. 54
N°. 4. Vaiss. à 3 ponts. Long'. 166,54 p. Larg'. 44,73	Première batterie. Deuxième batterie. Troisième batterie. Gaillard d'avant. Gaillard d'arrière. Chambre du conseil.	28	30 l.	30 l. 2 c. 8 c.		2	6	106	26152 21795 18705 2312 4980 2100	16198o 13386o 105840 9702 24488 6228	518142 = 259,072 tonn. 54
N°. 5. Vaisseau de 8o. Long'. 170,78 p. Larg'. 45,19	Première batterie. Deuxième batterie. Gaillard d'avant. Gaillard d'arrière. Chambre du conseil.	26	26 l.	24 l.		m. 2	6	88	24284 18889 2207 936 2100	150410 116012 12088 72216 6228	413794 = 206,897 tonn. 354
N°. 6. Gr. Vaiss. de 74. Long'. 170,78 p. Larg'. 44,38	Première batterie. Deuxième batterie. Gaillard d'avant. Gaillard d'arrière. Chambre du conseil. Supplément pour les gaillards.	30	30 l. 2 l. 4 c.			2 10	6 4	88	18020 21795 2519 8234 2100 1400	153750 13386o 11466 23672 6228 4152	417196 = 208,598 tonn. 654
N°. 7. Pet. Vaiss. de 74. Long'. 158,56 p. Larg'. 42,82	Première batterie. Deuxième batterie. Gaillard d'avant. Gaillard d'arrière. Chambre du conseil.	28	28 l.	4 m. 4 m.		2	6	82	26152 20352 6513 1560 2100	16198o 128936 39562 11416 6228	404789 = 202,394 tonn. 654
N°. 8. Vaiss. de 64. Long'. 150,51 p. Larg'. 40,58	Première batterie. Deuxième batterie. Gaillard d'avant. Gaillard d'arrière. Chambre du conseil.	26 l.	26 l.	10 m. 2 m.		2	6	72	21158 18889 483 780 2100	136240 116012 29618 5778 6228	342049 = 171,025 tonn. 654

TABLE VINGT-UNIÈME,

Contenant le nombre et le poids des canons, caronades et affûts, avec leurs coins de mire, etc.
composant l'artillerie des bâtimens de guerre français, d'après le règlement de 1807.

RANGS DES BATIMENS.	✳ BATIMENS DONT ON FAIT USAGE ACTUELLEMENT en F··· CALIBRE°															
N°. 1. ✳ Vaiss. à 3 ponts. Long^r. 196,50 p. Larg^r. 50,50	Première batterie. Deuxième batterie. Troisième batterie. Gaillard d'avant. Gaillard d'arrière. Dunette. (✳ en bronze.)					4 8 6✳			132	38080 30498 16966 5014 8472 4020	232000 178500 110840 23140 37360 4500	689390 344,685 tonn.	1070
N°. 2. Vaiss. à 3 ponts. Long^r. 185,00 p. Larg^r. 50,00	Première batterie. Deuxième batterie. Troisième batterie. Gaillard d'avant. Gaillard d'arrière. Dunette. (✳ en bronze.)	32		34		6✳				38080 30498 16966 4020	232000 178500 110840 4500		1007
N°. 3. Vaiss. à 3 ponts. Long^r. 176,00 p. Larg^r. 48,50	Première batterie. Deuxième batterie. Troisième batterie. Gaillard d'avant. Gaillard d'arrière. Dunette. (✳ en bronze.)	30	32	32		6✳				35700 28704 15968 4020	217500 162688 92640 4500		1007
N°. 4. ✳ Vaisseau de 80. Long^r. 180,00 p. Larg^r. 47,00	Première batterie Deuxième batterie. Troisième batterie. Gaillard d'avant. Gaillard d'arrière. Dunette. (✳ en bronze.)	30	32	6 8	2 8 4✳			90	4334 9352 2680	35700 28704 24440 9356o 3000	217500 168000 269,655 tonn.	539310 801
N°. 5. ✳ Pet. Vaiss. de 74. Long^r. 169,00 p. Larg^r. 44,00	Première batterie. Deuxième batterie. Gaillard d'avant. Gaillard d'arrière. Dunette (✳ en bronze.)	28	30	6 0	2 8 4✳		60		3671 8472 2680	33320 27520 18320 37360 3000	203000 162000 227,483 tonn.	461066 674
N°. 6. Vaisseau de 64. Long^r. 153,00 p. Larg^r. 40,50	Première batterie. Deuxième batterie. Gaillard d'avant. Gaillard d'arrière. Dunette.	26	28	4 6					23322 20104	132184 112000		
N°. 7. Vaisseau de 50. Long^r. 142,00 p. Larg^r. 39,50	Première batterie. Deuxième batterie. Gaillard d'avant. Gaillard d'arrière. Dunette.	24	26						21528 15236	122016 78540		
N°. 8. Frég. port. du 24. Long^r. 160,00 p. Larg^r. 40,22	En batterie. Gaillard d'avant. Gaillard d'arrière. (✳ en bronze.)	30		4 8	2✳ 6✳		50		26910 3336 8012	152520 16060 38800	246538 123,269 tonn.	500

SUITE DE LA TABLE VINGTIÈME.

RANGS DES BATIMENS.		CANONS.												POIDS des pièces d'artillerie et des affûts de chaque bâtiment, en livres.	POIDS TOTAL de l'artillerie et des affûts de chaque bâtiment en livres et en tonneaux.	NOMBRE d'hommes d'équipage.
	CALIBRES ANGLAIS DE. .	32	24			9	6	32								
	RÉDUITS EN POIDS FRANÇAIS.	$=$ 29,65	$=$ 22,24			$=$ 8,34	$=$ 5,56	$=$ 29,65								
Nº. 9. VAISSEAU de 50. Long'. 137,00 p. Larg'. 36,93	Première batterie. . . . . . Deuxième batterie. . . . . . Gaillard d'avant. Gaillard d'arrière. Chambre du conseil. Supplément.		22 c.		22 m	4 m. 2 l.			2 4	6 4		66	1826o 13695 208½ 2538 1068 1112	109582 73262 10170 9858 389½ 2596	248619 $=$ 124,310 toun.	422
Nº. 10. VAISSEAU de 44. Long'. 132,07 p. Larg'. 35,28	Première batterie. . . . . . Deuxième batterie. . . . . . Gaillard d'avant. Gaillard d'arrière. Supplément.		20 l.	22c.		2 m. 4 c.			6 2 4			6o	1453o 13695 337½ 200½ 1868	89240 67342 1184o 9755 5396	219111 $=$ 109.555 toun.	3o1
Nº. 11. FRÉG. dit. de 38 c. Long'. 135,12 p. Larg'. 35,67	En batterie. . . . . Gaillard d'avant. . . . Gaillard d'arrière. Supplément pour les gaillards. Id. pet. can. de bronze en poup.		28 c.			2 m. 8c.	2		8 4			52	20142 778 ½581 2135 57o	110404 5396 33656 716½ 168o	189506 $=$ 94,753 toun.	3o1
Nº. 12. FRÉG. dit. de 32 c. Long'. 133,73 p. Larg'. 34,66	En batterie. . . . . Gaillard d'avant. Gaillard d'arrière. Supplément pour les gaillards.		26 l.			10 c.			2 6 4			48	1888o 1067 7092 2135	116012 358. 36160 716o	192095 $=$ 96,047 toun.	3o1
Nº. 13. FRÉG. dit. de 32 c. Long'. 118,23 p. Larg'. 32,20	En batterie. . . . . Gaillard d'avant. Gaillard d'arrière. Supplément pour les gaillards.		26 c.			6.			2 4 4			42	1888o 933 3528 1868	102518 2698 15980 5396	151861 $=$ 75,930 toun.	3o1
Nº. 14. FRÉG. dit. de 28 c. Long'. 113,07 p. Larg'. 30,54	En batterie (* ou caron. de 32). Gaillard d'avant. Gaillard d'arrière. Supplément pour les gaillards.					24*c			2 4 4			38	9336 933 3008 1868	61008 2698 14252 5396	96700 $=$ 48,350 toun.	2o1
Nº. 15. CORV. de 24 can. Long'. 107,52 p. Larg'. 29,26	En batterie (* ou caron. de 32). Gaillard d'avant. Gaillard d'arrière. Supplément pour les gaillards.					22*c			2 6 2			34	8558 934 2670 79o	55924 2698 9756 3076	83316 $=$ 41,658 toun.	2o1
Nº. 16. CORV. de 20 can. Long'. 103,34 p. Larg'. 27,30	En batterie (* ou caron. de 32). Gaillard d'avant. Gaillard d'arrière. Supplément pour les gaillards.					20*c			4 c.	2 2		28	778o 556 114o 555	53960 1298 7056 1298	73643 $=$ 36,821 tonn.	2o1
Nº. 17. CORV. de 18 can. Long'. 101,22 p. Larg'. 26,85	En batterie (* ou caron. de 32). Gaillard d'avant. Gaillard d'arrière. Supplément pour les gaillards.					18*c			2 6 2			28	513o 556 1668 556	31752 1298 389½ 1298	46152 $=$ 23,076 toan.	126
Nº. 18. CORV. de 16 can. Long'. 99,46 p. Larg'. 25,46	En batter.(* ou can. de 6 court.) Gaillard d'avant Gaillard d'arrière } en supplém. {					16*			2 6			24	8528 556 1668	28640 1298 3894	44584 $=$ 22,292 tonn.	126

SUITE DE LA TABLE VINGT-UNIÈME.

RANGS DES BATIMENS.	Batimens dont on fait usage actuellement en France. CALIBRES DE....	36.	24.	18.	12.	8.	6.	CARONADES.				
N°. 9. * Faig. port. du 18. Long. 146,00 p. Larg. 36,50	En batterie.............			28					20104	11536o	170522	
	Gaillard d'avant..........				2			2	1798	7700	=	
	Gaillard d'arrière.........							12	6120	19440	85,261 tonn.	325
								} 44				
N°. 10. Faig. port. du 12. Long. 136,00 p. Larg. 34,50	En batterie.............			28					13972	84560		
	Gaillard d'avant..........							36				263
	Gaillard d'arrière......											
N°. 11. Faig. port. du 8. Long. 12?,50 p. Larg. 32,25	En batterie.............			26					10114	64584		
	Gaillard d'avant........											201
	Gaillard d'arrière........											
N°. 12. Grande Corvet.	En batterie.............				2			22	12218	42340	54558 = 27,279 tonn.	
	Gaillard d'avant..........											180
	Gaillard d'arrière........							} 24				
N°. 13. * Corvette. Long. 120,00 p. Larg. 30,00	En batterie.............				2			18	10178	34940	45118 = 22,559 tonn.	
	Gaillard d'avant........											150
	Gaillard d'arrière.......							} 20				
N°. 14. * Corvette. Long. 104,00 p. Larg. 26,00	En batterie.............					20			6200	33800	40000 = 20,000 tonn.	120
								} 20				
N°. 15. Corv. port. du 8. Long. 101,00 p. Larg. ...	En batterie.............					20			7780	44600	52380 = 26,190 tonn.	120
								} 20				
N°. 16. Corv. port. du 6. Long. 95,50 p. Larg. 25,50	En batterie.............					20			6200	33800	40000 = 20,000 tonn.	120
								} 20				
N°. 17. Corv. port. du 6. Long. 80,50 p. Larg. 24,50	En batterie.............					16			4960	27040	32000 = 16,000 tonn.	95
								} 16				
N°. 18. * Brick. Long. 60,00 p. Larg. 16,50	En batterie.............				2	14			7918	27560	35478 = 17,739 tonn.	95
								} 16				

TABLE VINGT-DEUXIÈME,

Contenant le calibre et la longueur des canons et des caronades composant l'artillerie des bâtimens de guerre français et anglais, leur poids, celui de leurs affûts avec les coussins, coussinets et coins de mire.

CANONS FRANÇAIS.					CANONS ANGLAIS.							DIFFÉRENCE DE POIDS			
CALIBRES.	Long.r en pieds.	POIDS DES PIÈCES		POIDS DES AFFUTS		CALIBRES		Long.r en pieds F.	POIDS DES PIÈCES		POIDS DES AFFUTS		ENTRE LES PIÈCES,		ENTRE LES AFFUTS.
		En livr.	En boulets.	En livr.	En boul.	en livr. anglais.	en livres français.		En livr.	En boulets.	En livr.	En boul.	En livres V. Français. / En poids du boulet.	En poids du boulet.	En livr. A. Angl. / En poids du boulet.
36	9,50	7450	206,94	1190	33,06	32	29,65	8.914	5785	195,12	934	31,50	A— 1665 / A— 11,81	A—256 / A— 1,56	
36	9,00	7250	201,39	»	»	32	29,65	8.914	5785	195,12	»	»	A— 1465 / A— 6,27	» / »	
24	8,50	5382	224,25	897	37,37	24	22,24	8.914	5240	235,67	830	37,33	A— 142 / F— 11,42	A— 67 / A— 0,04	
24	8,50	5084	211,83	»	»	24	22,24	8.445	4981	224,00	»	»	A— 103 / F— 12,17	» / »	
18	8,00	4120	228,88	718	39,90	18	16,68	8.445	4162	267,55	727	43,55	F— 342 / F— 38,67	F— 9 / F— 3,65	
18	8,00	4000	222,22	»	»	18	16,68	7,507	3943	235,33	»	»	A— 57 / F— 11,11	» / »	
12	8,50	3272	273,17	499	41,58	12	11,12	8.445	3528	317,33	623	56,00	F— 256 / F— 44,16	F—124 / F—14,42	
12	7,50	3020	251,66	»	»	12	11,12	7,976	3321	298,66	»	»	F— 59 / F— 25,49	» / »	
»	»	»	»	»	»	12	11,12	7,038	3061	275,33	»	»	F— 41 / F— 23,67	» / »	
8	7,92	2484	306,00	389	48,62	9	8,34	8.445	3009	360,88	389	46,46	F— 525 / F— 54,88	= / A— 2,26	
»	»	»	»	»	»	9	8,34	7,976	2854	342,22	»	»	F— 370 / F— 36,22	» / »	
8	6,83	2230	278,75	389	48,62	9	8,34	7,038	2698	323,55	»	»	F— 468 / F— 44,80	» / »	
»	»	»	»	»	»	9	8,34	6,568	2542	304,88	»	»	F— 312 / F— 26,13	» / »	
6	6,17	1690	281,66	310	51,67	6	5,56	7,507	2231	401,33	285	51,33	F— 541 / F— 119,67	A— 25 / A— 0,34	
»	»	»	»	»	»	6	5,56	7,038	2127	382,66	»	»	F— 347 / F— 101,00	» / »	
»	»	»	»	»	»	6	5,56	6,099	1868	336,00	»	»	F— 178 / F— 54,34	» / »	
»	»	»	»	»	»	6	5,56	5,630	1764	317,33	»	»	F—. 74 / F— 35,67	» / »	

CARONADES FRANÇAISES. | CARONADES ANGLAISES. | DIFFÉRENCE DE POIDS.

36	4,50	2440	67,78	670	18,61	32	29,65	3,753	1790	59,44	»	»	A— 650 / A— 8,34	» / »
24	4,08	1650	68,75	510	21,25	24	22,24	3,441	1349	60,66	»	»	A— 301 / A— 8,09	» / »
18	3,50	1202	66,78	389	21,61	18	16,68	3,028	1038	62,22	»	»	A— 164 / A— 4,56	» / »
12	2,82	768	64,01	307	25,42	12	11,12	2,581	649	58,33	»	»	A— 119 / A— 6,68	» / »
8	2,50	596	74,54	260	36,25	9	8,34	»	»	»	»	»		

TABLE VINGT-TROISIÈME,

Principales dimensions et poids proposés pour les pièces d'artillerie et des affûts de mer dans l'état de construction actuelle des bâtimens de guerre.

TABLE VINGT-QUATRIÈME,

Contenant les principales dimensions et le poids des affûts de mer français et anglais, d'après les derniers règlemens.

AF

5	24.	18.	12.	8.	6
		pouces.	pouces.	pouces.	
		58,00	55,00	49,50	
		20,00	18,00	16,50	
		4,75	4,25	3,75	
		4,75	4,25	3,75	
		49,50	47,50	42,25	
		8,50	7,50	6,50	
		2,67	2,50	2,33	
		48,00	43,00	38,00	
		8,00	7,50	7,00	
		6,00	5,50	5,00	
		52,00	46,00	41,00	
		6,00	5,50	5,00	
		10,00	9,00	8,00	
		16,00	14,00	13,25	
		19,00	17,33	15,25	
		14,50	13,25	12,50	
		4,75	4,25	3,75	
		14,50	13,25	12,50	
		4,75	4,25	3,75	
		7,50	7,00	6,50	
		27,00	24,00	22,33	
		0,58	0,50	0,50	
		1,50	1,42	1,33	
		675 l.	460 l.	350 l.	
		43	39	39	
		718 l.	499 l.	389 l.	
		18.	12.	8.	
		»	»	»	
		»	»	»	
		»	»	»	
		»	»	»	
		»	»	»	
		»	»	»	
		24	18	»	
		212	167	»	
		153	122	»	
		389	307	290	

TABLE VINGT-CINQUIÈME,

Contenant les principales dimensions des ancres dont on fait usage dans les bâtimens de guerre français et anglais.

ANCRES FRANÇAISES (Fabrique des ancres.)

POIDS des ancres.	Long^r. de la verge.	Long^r. des bras.	Larg^r. des pattes.	Épaiss^r. des pattes.	TIERS de la grosseur au collet.	TIERS de la gross^r. auprès du carré.	Diamètre de l'organeau.	TIERS de la grosseur de l'organeau.
livres.	pieds.	pieds.	pieds.	pouc.	pouces.	pouces.	pieds.	pouces.
10000	»	»	»	»	»	»	»	»
8000	»	»	»	»	»	»	»	»
7500	17,333	6,167	»	»	»	»	»	»
7000	17,000	6,000	»	»	»	»	»	»
6500	16,750	5,917	»	»	»	»	»	»
6000	15,000	5,667	2,917	1,500	11,667	7,667	2,50	3,333
5500	14,417	5,300	2,833	1,500	11,333	7,500	2,33	3,194
5000	14,000	4,917	2,750	1,417	11,000	7,333	2,00	3,000
4500	13,750	4,819	2,576	1,417	10,306	7,000	2,00	3,000
4000	13,500	4,750	2,417	1,417	9,667	6,667	1,92	3,000
3500	13,25	4,525	2,375	1,333	9,528	6,333	1,83	3,000
3000	13,16	4,250	2,333	1,333	9,333	6,000	1,75	2,683
2500	12,66	4,104	2,264	1,333	9,000	5,861	1,67	2,667
2000	11,75	3,917	2,167	1,333	8,167	5,667	1,58	2,667
1900	11,500	3,897	2,083	1,333	8,083	5,350	1,58	2,667
1800	11,250	3,862	2,000	1,333	8,000	5,330	1,50	2,667
1700	11,000	3,820	1,917	1,333	7,667	5,010	1,42	2,333
1600	10,750	1,780	1,834	1,333	7,333	5,000	1,33	2,333
1500	10,500	3,750	1,750	1,250	7,000	4,680	1,25	2,333
1400	10,250	3,722	1,667	1,250	6,667	4,667	1,17	2,000
1300	10,000	3,694	1,583	1,250	6,333	4,350	1,08	2,000
1200	9,750	3,653	1,500	1,250	6,000	4,333	1,00	1,667
1100	9,500	3,611	1,417	1,250	5,667	4,000	1,00	1,667
1000	9,333	3,583	1,313	1,250	5,528	3,667	1,00	1,667
900	8,833	3,333	1,250	1,167	5,333	3,333	1,00	1,667
800	8,667	3,167	1,167	1,083	5,000	3,000	1,00	1,667
700	7,833	2,917	1,083	1,000	4,667	2,667	0,92	1,333
600	7,333	2,750	1,000	0,917	4,333	2,333	0,92	1,333
500	6,833	2,500	0,917	0,833	4,000	2,000	0,83	1,333
400	6,333	2,250	0,833	0,750	3,66	1,667	0,83	1,000
300	5,833	2,167	0,750	0,667	3,333	1,667	0,75	1,000

ANCRES ANGLAISES.

POIDS des ancres.	Long^r. de la verge.	Long^r. des bras.	Larg^r. des pattes.	Épaiss^r. des pattes.	TIERS de la grosseur au collet.	TIERS de la gross^r. auprès du carré.	Diamètre de l'organeau.	TIERS de la grosseur de l'organeau.
livres.	pieds.	pieds.	pieds.	pouc.	pouces.	pouces.	pieds.	pouces.
8426	18,454	6,134	3,012	3,166	9,383	7,976	3,01	3,988
7575	17,516	5,825	2,932	3,052	9,149	7,624	2,93	3,812
7368	17,281	5,747	2,932	3,049	8,679	7,624	2,93	3,812
6953	17,046	5,669	2,803	2,932	8,445	7,507	2,89	3,754
5914	16,265	5,435	2,622	2,581	7,976	7,272	2,62	3,636
5185	15,640	5,200	2,385	2,463	7,624	6,920	2,39	3,460
4566	15,239	5,083	2,287	2,345	7,389	6,685	2,29	3,342
4151	14,85	4,966	2,190	2,229	7,272	6,568	2,19	3,284
3528	14,153	4,927	2,033	1,877	6,803	6,099	2,03	3,049
3217	13,841	4,613	1,955	1,759	6,333	5,630	1,96	2,815
3061	13,684	4,535	1,877	1,612	6,333	5,630	1,86	2,815
2594	12,980	4,300	1,798	1,524	6,099	5,396	1,80	2,698
2387	12,66	4,223	1,740	1,406	5,865	5,161	1,74	2,580
2179	12,35	4,144	1,701	1,406	5,513	4,809	1,70	2,405
1868	11,686	3,988	1,681	1,290	5,044	4,591	1,68	2,297
1816	11,730	3,909	1,661	1,290	4,927	4,457	1,66	2,229
1660	11,495	3,831	1,652	1,290	4,809	4,339	1,65	2,170
1557	11,260	3,753	1,563	1,290	4,692	4,223	1,64	2,111
1141	10,099	3,362	1,563	1,173	4,339	3,870	1,56	1,935
1090	9,852	3,284	1,524	1,055	4,223	3,753	1,52	1,876
1038	9,696	3,206	1,485	1,055	4,222	3,753	1,49	1,876
934	9,383	3,128	1,348	1,055	4,105	3,636	1,41	1,818
882	9,071	3,050	1,368	1,055	3,988	3,519	1,37	1,760
830	8,914	2,971	1,329	1,055	3,988	3,519	1,33	1,760
778	8,680	2,893	1,290	0,938	3,753	3,284	1,29	1,642
726	8,445	2,815	1,251	0,938	3,753	3,284	1,25	1,642
571	7,742	2,581	1,133	0,938	3,284	2,815	1,13	1,407
519	7,507	2,503	1,094	0,938	3,284	2,815	1,09	1,407
451	7,038	2,346	1,016	0,821	3,050	2,581	1,02	1,240
363	6,803	2,268	0,938	0,821	2,815	2,346	0,94	1,173

TABLE VINGT-SIXIÈME.

Dimensions des poulies en usage dans les bâtimens de guerre français et anglais, avec la circonférence du cordage qui leur correspond.

POULIES FRANÇAISES.

LONGUEUR	DIAMÈT. DES POUL. Long. double. Gr. diamèt.	Épaisseur.	À caliornes. À 3 rouets.	À 2 rouets.	Largeur de la mortaise.		Diamètre de l'essieu.	Circonfér. du cordage.
po.	pouc.	pouc.	pouc.	pouc.	po.	pouc.	po.	pou.
10	5,0	2,50	»	»	0,83	0,833	2,25	»
11	5,5	2,75	»	»	0,92	0,917	2,48	»
12	6,0	3,00	»	»	1,00	1,000	2,70	»
13	6,5	3,25	»	»	1,06	1,083	2,76	»
14	7,0	3,50	»	»	1,13	1,125	3,05	»
15	7,0	3,75	»	»	1,19	1,187	3,71	»
20	10,0	5,00	»	»	1,50	1,500	4,05	»
25	12,0	6,25	»	»	1,81	1,813	4,86	»
30	15,0	7,50	»	»	2,13	2,125	5,65	»
36	18,0	9,00	»	»	2,50	2,500	6,75	»

Épaisseurs.

LONGUEUR	Gr. diamèt.	Épaisseur.	À 3 rouets.	À 2 rouets.	Largeur de la mortaise.		Diamètre de l'essieu.	Circonfér. du cordage.
8	*8,13	+5,92	*6,33	+6,33	1,11	1,11	3,00	»
9	8,94	6,54	7,13	7,13	1,21	1,21	3,2-	»
10	9,75	7,17	7,92	7,92	1,31	1,31	3,54	»
11	10,56	7,79	8,8-	8,8-	1,40	1,40	3,78	»
12	11,38	8,42	9,42	9,42	1,50	1,50	4,05	»
13	12,19	9,04	10,13	10,13	1,60	1,60	4,3-	»
14	13,00	9,67	10,83	10,83	1,69	1,69	4,56	»
15	13,81	10,29	11,54	11,54	1,79	1,79	4,83	»
16	14,63	10,92	12,2-	12,2-	1,89	1,89	5,1-	»
18	16,25	12,17	13,6-	13,6-	2,08	2,08	5,6-	»
20	17,88	13,42	15,08	15,08	2,28	2,28	6,15	»
22	19,50	14,67	16,56	16,50	2,4-	2,47	6,66	»

(POULIES D'ÉCOUTES / SIMPLES)

LONGUEUR	D'ÉCOUTES Gr. diamèt.	Épaisseur.	SIMPLES Diamètre.	Épaisseur.	Largeur de la mortaise.	Diamètre de l'essieu.	Circonfér. du cordage.
20	7,92	5,17			1,67	1,42	4,50
22	8,60	5,77			1,85	1,49	5,30
25	9,77	6,56			2,08	1,69	5,62
30	11,54	7,92			2,50	1,97	6,75
35	13,67	9,81			3,00	2,31	8,10
42	15,08	10,72			3,33	2,53	9,00
	16,50	11,33			3,67	2,75	10,90
			3,17	2,00	0,67	0,67	1,81
			4,75	3,00	1,00	0,97	2,70
			7,33	4,06	1,33	1,19	3,59
9	»	»	7,63	4,61	1,50	1,31	4,05
10	»	»	7,92	5,17	1,67	1,42	4,50
11	»	»	8,67	5,72	1,81	1,53	4,91
12	»	»	9,42	6,48	2,0-	1,6-	5,4-
13	»	»	10,13	6,83	2,17	1,75	5,86
14	»	»	10,83	7,39	2,33	1,86	6,29
15	»	»	11,5-	7,94	2,50	1,97	6,75
16	»	»	12,15	8,5-	2,67	2,08	7,21
17	»	»	12,96	9,06	2,83	2,20	7,6-
18	»	»	13,6-	9,6-	3,00	2,31	8,10
19	»	»	15,08	10,7-	3,33	2,53	9,00
20	»	»	16,50	11,33	3,67	1,75	10,9-

POULIES ANGLAISES.

LONGUEUR	DIAMÈT. DES POUL. Long. double. Gr. diamèt.	Pet. diamèt.	Simples. Communes.	Plates.	Largeur de la mortaise.		Diamètre de l'essieu.	Circonfér. du cordage.
pouc.	pouc.	pouc.	pouc.	pouc.	po.	po.	po.	pouc.
5,63	»	»	3,75	»	0,35	0,59	0,70	25,34
6,57	»	»	4,69	»	0,47	0,59	0,94	26,27
7,51	»	»	5,63	»	0,70	0,70	1,41	27,21
8,45	»	»	6,5-	»	0,82	0,70	1,88	28,15
9,38	»	»	7,51	»	0,94	0,82	2,35	29,09
10,32	»	»	7,98	»	1,17	0,82	2,82	30,03
11,26	4,69	3,28	8,45	9,38	1,41	0,94	3,28	30,97
12,20	5,16	3,51	8,91	9,85	1,63	0,94	3,75	31,91
13,14	5,63	3,75	9,85	10,79	1,76	0,94	4,22	32,84
14,08	6,10	4,22	10,79	11,73	1,88	1,06	4,69	33,78
15,01	6,57	4,69	11,26	12,20	1,99	1,06	5,16	34,72
15,95	7,08	5,16	11,73	12,67	2,11	1,06	5,83	35,66

LONGUEUR	Gr. diamèt.	Pet. diamèt.	Communes.	Plates.	Largeur de la mortaise.	Diamètre de l'essieu.	Circonfér. du cordage.
16,89	7,51	5,63	12,20	13,14	2,35	1,17	6,10	37,53
17,83	7,98	6,10	13,6-	13,60	2,58	1,17	6,57	39,41
18,77	8,45	6,33	13,14	14,08	2,82	1,17	7,04	41,29
19,71	8,91	6,80	13,60	14,55	2,93	1,29	7,51	43,16
20,65	9,38	7,0-	14,08	15,01	3,05	1,29	7,98	45,04
21,59	9,85	7,27	14,55	15,48	3,17	1,29	8,45	46,92
22,52	10,32	7,51	15,01	15,95	3,38	1,29	8,91	48,79
23,46	10,79	7,98	15,48	16,42	3,4-	1,41	9,38	50,67
24,40	11,26	8,45	15,95	16,89	3,54	1,41	9,85	52,55

LONGUEUR	Gr. diamèt.	Pet. diamèt.	Simples. Communes.	Plates.	Largeur de la mortaise.	Diamètre de l'essieu.	Circonfér. du cordage.
25,34	11,73	8,91	16,42	17,36	3,64	1,41	10,32
26,27	12,20	9,38	16,89	17,83	3,75	1,41	11,26
27,21	12,67	9,85	»	»	»	»	»
28,15	13,14	10,32	»	»	»	»	»
29,09	13,60	10,79	»	»	»	»	»
30,03	14,08	11,26	»	»	»	»	»
30,97	14,55	11,73	»	»	»	»	»
31,91	15,02	12,20	»	»	»	»	»
32,84	15,48	12,60	»	»	»	»	»
33,78	15,95	13,11	»	»	»	»	»

Poulies de tournevire.

Communes.	Plates.	Largeur de la mortaise.	Diamètre de l'essieu.	Circonfér. du cordage.
»	»	6,57	1,88	11,26
»	»	6,69	2,09	11,26
»	»	6,30	2,11	11,73
»	»	6,92	2,23	11,73
»	»	7,0-	2,35	12,20
»	»	7,15	2,46	12,20
»	»	7,37	2,58	12,67
»	»	7,39	2,70	12,67
»	»	7,51	2,82	13,14

TABLE VINGT-SEPTIÈME.

Conversion des parties décimales de pouce et de pied en pieds, pouces, lignes et points, et en parties de mètre.

Nota. 1 pied = 0,3248391 de mètre.   1 pouce = 0,0270695.   1 ligne = 0,00225583.   1 point = 0,00018798 de mètre.

DÉCIMALES.	LIGNES. POUCES. / POINTS. LIGNES.	DIX MILLIMÈTRES.	DIX MILLIMÈTRES.	DÉCIMALES.	LIGNES. POUCES. / POINTS. LIGNES.	DIX MILLIMÈTRES.	DÉCIMALES.	LIGNES. POUCES. / POINTS. LIGNES.	DIX MILLIMÈTRES.	LIGNES. POUCES. / POINTS. LIGNES.	DIX MILLIMÈTRES.	DÉCIMALES.	LIGNES. POUCES. / POINTS. LIGNES.	DIX MILLIMÈTRES.	PIEDS.	MÈTRES.
0,007	0 1			340											1	
0,014	0 2			347											2	
0,021	0 3			354											3	
0,028	0 4			361											4	
0,035	0 5			368											5	
0,042	0 6			375											6	
0,049	0 7			382											7	
0,056	0 8			389											8	
0,062	0 9			396											9	
0,069	0 10			403											10	
0,076	0 11			410											11	
0,083	1 0			417											12	
0,090	1 1			424											13	
0,097	1 2			431											14	
0,104	1 3			437											15	
0,111	1 4			444											16	
0,118	1 5			451											17	
0,125	1 6			458											18	
0,132	1 7			465											19	
0,139	1 8			472											20	
0,146	1 9			479											30	
0,153	1 10			486											40	
0,160	1 11			493											50	
0,167	2 0			500											100	

TABLE VINGT-NEUVIÈME.

CONVERSION des pieds anglais en pieds français, dans le rapport de 1440 pieds anglais = 1351,2 pieds français dont on s'est servi pour la réduction des tables anglaises, et rectifié d'après le rapport donné par la commission des poids et mesures. La longueur du mètre = 443,293936 lignes du pied de roi = 36,941328 pouces du même pied = 39,382700 pouces du pied anglais et donne le rapport 1440 pieds anglais = 1350,732970 pieds français. On y a appliqué les parties de mètre correspondantes.

Partie du pied angl.	PIEDS FRANÇAIS EMPLOYÉS	PIEDS FRANÇAIS RECTIFIÉS	PARTIES DE MÈTRES
	0,010	0,010	0,0032
	0,020	0,020	0,0063
	0,029	0,029	0,0095
	0,039	0,039	0,0127
	0,049	0,049	0,0159
	0,059	0,059	0,0190
	0,068	0,068	0,0222
	0,078	0,078	0,0254
	0,156	0,156	0,0507
	0,235	0,235	0,0762
	0,313	0,313	0,1016
	0,391	0,391	0,1270
	0,469	0,469	0,1524
	0,547	0,547	0,1777
	0,626	0,625	0,2031
	0,704	0,704	0,2285
	0,782	0,782	0,2539
	0,860	0,860	0,2792
	0,938	0,938	0,3047
	0,117	0,117	0,0381
	0,235	0,235	0,0762
	0,352	0,352	0,1143
	0,469	0,469	0,1524
	0,587	0,586	0,1904
	0,821	0,821	0,2285

PIEDS ANGLAIS	PIEDS FRANÇAIS EMPLOYÉS	PIEDS FRANÇAIS RECTIFIÉS	MÈTRES
1	0,938	0,938	0,3047
2	1,877	1,876	0,6094
3	2,815	2,814	0,9141
4	3,753	3,752	1,2188
5	4,692	4,690	1,5235
6	5,630	5,628	1,8282
7	6,568	6,566	2,1329
8	7,507	7,504	2,4376
9	8,445	8,442	2,7423
10	9,383	9,380	3,0470
11	10,322	10,318	3,3517
12	11,260	11,256	3,6564
13	12,198	12,194	3,9611
14	13,137	13,132	4,2658
15	14,075	14,070	4,5705
16	15,013	15,008	4,8752
17	15,952	15,946	5,1799
18	16,890	16,884	5,4846
19	17,828	17,823	5,7893
20	18,762	18,760	6,0940
21	19,705	19,698	6,3987
22	20,643	20,636	6,7034
23	21,582	21,574	7,0082
24	22,520	22,512	7,3129
25	23,459	23,450	7,6176
26	24,397	24,388	7,9223
27	25,335	25,326	8,2270
28	26,274	26,264	8,5317
29	27,212	27,202	8,8364
30	28,150	28,140	9,1411
31	29,089	29,078	9,4458
32	30,027	30,016	9,7505
33	30,965	30,854	10,0552
34	31,904	31,892	10,3599
35	32,842	32,830	10,6646
36	33,780	33,768	10,9693
37	34,719	34,706	11,2740
38	35,657	35,644	11,5787
39	36,595	36,582	11,8834
40	37,534	37,520	12,1881
41	38,472	38,458	12,4928
42	39,410	39,396	12,7975
43	40,349	40,334	13,1022
44	41,287	41,272	13,4069
45	42,225	42,210	13,7116
46	43,164	43,148	14,0163
47	44,102	44,086	14,3210
48	45,040	45,024	14,6257
49	45,979	45,962	14,9304
50	46,917	46,900	15,2351
51	47,855	47,838	15,5398
52	48,794	48,776	15,8445
53	49,732	49,714	16,1492
54	50,670	50,652	16,4539
55	51,609	51,590	16,7586
56	52,547	52,529	17,0633
57	53,486	53,467	17,3680
58	54,424	54,405	17,6727
59	55,362	55,343	17,9774
60	56,300	56,281	18,2821
61	57,939	57,219	18,5868
62	58,177	58,157	18,8915
63	59,115	59,095	19,1962
64	60,054	60,033	19,5009
65	60,992	60,971	19,8056
66	61,930	61,909	20,1104
67	62,869	62,847	20,4151
68	63,807	63,785	20,7198
69	64,745	64,723	21,0245
70	65,684	65,661	21,3292
71	66,622	66,599	21,6339
72	67,561	67,537	21,9386
73	68,499	68,475	22,2432
74	69,437	69,413	22,5480
75	70,376	70,351	22,8527
76	71,314	71,289	23,1574
77	72,235	72,227	23,4621
78	73,191	73,165	23,7668
79	74,129	74,103	24,0715
80	75,067	75,041	24,3762
81	76,006	75,979	24,6809
82	76,944	76,917	24,9856
83	77,882	77,815	25,2903
84	78,821	78,793	25,5950
85	79,759	79,731	25,8997
86	80,697	80,669	26,2044
87	81,636	81,607	26,5091
88	82,574	82,545	26,8138
89	83,512	83,483	27,1185
90	84,451	84,421	27,4232
91	85,389	85,359	27,7279
92	86,327	86,297	28,0326
93	87,266	87,235	28,3373
94	88,204	88,173	28,6420
95	89,142	89,111	28,9467
96	90,081	90,049	29,2514
97	91,019	90,987	29,5561
98	91,958	91,925	29,8608
99	92,896	92,863	30,1655
100	93,8333	93,8009	30,47023

TABLE VINGT-HUITIÈME.

Conversion des parties décimales de livres en onces, gros et grains, et de la livre poids de marc en kilogrammes.

Nota. 1 gramme = 18,827 grains. 10 grammes = 2 gros 44,271 grains. 489,5058 grammes = 1 livre.

DÉCIMALES DE LIVRES.	GRAINS.	GRAMMES.	DÉCIMALES DE LIVRES.	GROS.	GRAMMES.	DÉCIMALES DE LIVRES.	ONCES.	GRAMMES.	LIVRES.	KILOGRAMMES.	LIVRES.	KILOGRAMMES.	LIVRES.	KILOGRAMMES.	LIVRES.	KILOGRAMMES.	LIVRES.	KILOGRAMMES.
0,0001	1	0,053	0,0078	1,0	3,824	0,0625	1	30,59	1	0,4895	21	10,2797	41	20,0697	61	29,8599	81	39,6500
0,0002	2	0,106	0,0117	1,5	5,737	0,1250	2	61,19	2	0,9790	22	10,7692	42	20,5592	62	30,3494	82	40,1395
0,0003	3	0,159	0,0156	2,0	7,649	0,1875	3	91,78	3	1,4685	23	11,2587	43	21,0487	63	30,8389	83	40,6290
0,0004	4	0,212	0,0195	2,5	9,561	0,2500	4	122,38	4	1,9580	24	11,7482	44	21,5382	64	31,3284	84	41,1185
0,0005	5	0,266	0,0234	3,0	11,473	0,3125	5	152,97	5	2,4475	25	12,2377	45	22,0278	65	31,8179	85	41,6080
0,0007	6	0,319	0,0273	3,5	13,374	0,3750	6	183,57	6	2,9370	26	12,7272	46	22,5172	66	32,3074	86	42,0975
0,0013	12	0,637	0,0313	4,0	15,297	0,4375	7	214,16	7	3,4265	27	13,2167	47	23,0067	67	32,7970	87	42,5870
0,0020	18	0,956	0,0352	4,5	17,209	0,5000	8	244,75	8	3,9161	28	13,7062	48	23,4963	68	33,2865	88	43,0765
0,0026	24	0,275	0,0391	5,0	19,121	0,5625	9	275,35	9	4,4056	29	14,1957	49	23,9858	69	33,7760	89	43,5660
0,0033	30	0,593	0,0430	5,5	21,033	0,6250	10	305,94	10	4,8951	30	14,6852	50	24,4753	70	34,2655	90	44,0555
0,0039	36	0,912	0,0469	6,0	22,946	0,6875	11	336,54	11	5,3846	31	15,1747	51	24,9648	71	34,7550	91	44,5450
0,0046	42	0,231	0,0509	6,5	24,847	0,7500	12	367,13	12	5,8741	32	15,6642	52	25,4543	72	35,2445	92	45,0345
0,0052	48	0,550	0,0548	7,0	26,770	0,8125	13	397,72	13	6,3636	33	16,1537	53	25,9438	73	35,7340	93	45,5240
0,0059	54	0,868	0,0587	7,5	28,682	0,8750	14	428,32	14	6,8531	34	16,6432	54	26,4333	74	36,2236	94	46,0135
0,0065	60	0,187	0,0625	8,0	30,594	0,9375	15	458,91	15	7,3426	35	17,1327	55	26,9228	75	36,7131	95	46,5030
0,0078	72	0,824	»	»	»		16	489,51	16	7,8321	36	17,6222	56	27,4123	76	37,2026	96	46,9925
»	»	»	»	»	»	»	»	»	17	8,3216	37	18,1117	57	27,9018	77	37,6921	97	47,4820
»	»	»	»	»	»	»	»	»	18	8,8111	38	18,6012	58	28,3914	78	38,1816	98	47,9715
»	»	»	»	»	»	»	»	»	19	9,3006	39	19,0907	59	28,8809	79	38,6700	99	48,4610
»	»	»	»	»	»	»	»	»	20	9,7901	40	19,5802	60	29,3704	80	39,1606	100	48,9506

TABLE TRENTIÈME.

Conversion des livres anglaises *avoir du poids* en livres françaises, poids de marc, dans le rapport de 100 livres avoir du poids = 92,653 poids de marc, et rectifié dans celui de 100 = 92,583861 poids de marc, donné par M. Lacroix; une livre avoir du poids = 453,1 grammes. On y a joint les grammes et kilogrammes correspondans.

Onces avoir du poids	POIDS FRANÇAIS Employés	POIDS FRANÇAIS Rectifiée	GRAMMES	Livres avoir du poids	LIVRES FRANÇAISES Employées	LIVRES FRANÇAISES Rectifiée	KILOGRAMMES	Livres avoir du poids	LIVRES FRANÇAISES Employées	LIVRES FRANÇAISES Rectifiée	KILOGRAMMES	Livres avoir du poids	LIVRES FRANÇAISES Employées	LIVRES FRANÇAISES Rectifiée	KILOGRAMMES	Livres avoir du poids	LIVRES FRANÇAISES Employées	LIVRES FRANÇAISES Rectifiée	KILOGRAMMES	Livres avoir du poids	LIVRES FRANÇAISES Employées	LIVRES FRANÇAISES Rectifiée	KILOGRAMMES
1	0,0072	0,0073	002,54	1	0,927	0,926	0,4531	21	19,457	19,443	9,5151	41	37,988	37,950	18,5771	61	56,518	56,476	27,6391	81	75,049	74,993	36,7011
2	0,0145	0,0145	007,08	2	1,853	1,852	0,9062	22	20,384	20,368	9,9682	42	38,914	38,885	19,0302	62	57,445	57,402	28,0922	82	75,976	75,919	37,1542
3	0,0217	0,0217	010,62	3	2,780	2,778	1,3593	23	21,310	21,294	10,4213	43	39,841	39,810	19,4833	63	58,371	58,328	28,5453	83	76,902	76,845	37,6073
4	0,0290	0,0289	014,16	4	3,706	3,703	1,8124	24	22,237	22,220	10,8744	44	40,767	40,731	19,9364	64	59,298	59,254	28,9984	84	77,829	77,770	38,0604
5	0,0362	0,0362	017,68	5	4,633	4,629	2,2655	25	23,163	23,145	11,3275	45	41,694	41,663	20,3895	65	60,225	60,180	29,4515	85	78,753	78,696	38,5153
6	0,0434	0,0434	021,20	6	5,559	5,555	2,7186	26	24,090	24,072	11,7806	46	42,620	42,589	20,8426	66	61,151	61,105	29,9046	86	79,682	79,622	38,9666
7	0,0507	0,0506	024,72	7	6,486	6,481	3,1717	27	25,016	24,998	12,2337	47	43,547	43,514	21,295	67	62,078	62,031	30,3577	87	80,608	80,548	39,4197
8	0,0579	0,0549	028,32	8	7,412	7,407	3,6248	28	25,943	25,923	12,6868	48	44,473	44,440	21,7488	68	63,004	62,957	30,8108	88	81,535	81,474	39,8728
9	0,1158	0,1157	056,64	9	8,339	8,333	4,0779	29	26,869	26,849	13,1399	49	45,400	45,366	22,2019	69	63,931	63,883	31,2639	89	82,461	82,400	40,3259
10	0,1737	0,1736	084,96	10	9,265	9,258	4,5310	30	27,796	27,775	13,5930	50	46,327	46,292	22,6550	70	64,857	64,809	31,7170	90	83,388	83,325	40,7790
11	0,2316	0,2315	113,28	11	10,192	10,184	4,9841	31	28,722	28,701	14,0461	51	47,253	47,218	23,1081	71	65,784	65,735	32,1701	91	84,314	84,251	41,2321
12	0,2896	0,2893	141,59	12	11,118	11,110	5,4372	32	29,649	29,627	14,4992	52	48,180	48,144	23,5612	72	66,710	66,660	32,6232	92	85,241	85,177	41,6852
13	0,3474	0,3472	169,91	13	12,045	12,036	5,8903	33	30,576	30,553	14,9523	53	49,106	49,069	24,0143	73	67,657	67,586	33,0763	93	86,167	86,103	42,1383
14	0,4054	0,4051	198,23	14	12,971	12,962	6,3434	34	31,502	31,479	15,4054	54	50,033	49,995	24,4674	74	68,563	68,512	33,5294	94	87,094	87,029	42,5914
15	0,4633	0,4629	226,53	15	13,898	13,888	6,7965	35	32,429	32,403	15,8585	55	50,959	50,921	24,9205	75	69,490	69,438	33,9825	95	88,020	87,955	43,0445
16	0,5212	0,5208	254,87	16	14,825	14,813	7,2496	36	33,355	33,329	16,3116	56	51,886	51,847	25,3736	76	70,416	70,637	34,4356	96	88,947	88,881	43,4976
				17	15,751	15,739	7,7027	37	34,282	34,255	16,7647	57	52,812	52,773	25,8267	77	71,343	71,290	34,8887	97	89,873	89,806	43,9507
				18	16,678	16,665	8,1558	38	35,208	35,181	17,2178	58	53,739	53,699	26,2798	78	72,269	72,215	35,3418	98	90,800	90,731	44,4038
				19	17,604	17,591	8,6089	39	36,135	36,107	17,6709	59	54,668	54,624	26,7329	79	73,196	73,141	35,7949	99	91,727	91,658	44,8569
				20	18,531	18,517	9,0620	40	37,061	37,034	18,1240	60	55,592	55,550	27,1860	80	74,122	74,067	36,2480	100	92,653	92,5839	45,3100